TRABALHO DECENTE EM MEIO AMBIENTE DIGITAL

Editora Appris Ltda.
1.ª Edição - Copyright© 2024 dos autores
Direitos de Edição Reservados à Editora Appris Ltda.

Nenhuma parte desta obra poderá ser utilizada indevidamente, sem estar de acordo com a Lei nº 9.610/98. Se incorreções forem encontradas, serão de exclusiva responsabilidade de seus organizadores. Foi realizado o Depósito Legal na Fundação Biblioteca Nacional, de acordo com as Leis nos 10.994, de 14/12/2004, e 12.192, de 14/01/2010.

Catalogação na Fonte
Elaborado por: Josefina A. S. Guedes
Bibliotecária CRB 9/870

L292t
2024

Lanner, Maíra Brecht
    Trabalho descente em meio ambiente digital / Maíra Brecht Lanner.
 – 1. ed. – Curitiba: Appris, 2024.
    120 p. : il. ; 23 cm. (Direito e Constituição).

    Inclui referências
    ISBN 978-65-250-6060-6

    1. Relações trabalhistas. 2. Inovações tecnológicas. 3. Trabalhador digital. 4. Gig economy. I. Lanner, Maíra Brecht. II. Título. III. Série.

CDD – 331.117

Livro de acordo com a normalização técnica da ABNT

Editora e Livraria Appris Ltda.
Av. Manoel Ribas, 2265 – Mercês
Curitiba/PR – CEP: 80810-002
Tel. (41) 3156 - 4731
www.editoraappris.com.br

Printed in Brazil
Impresso no Brasil

Maíra Brecht Lanner

TRABALHO DECENTE EM MEIO AMBIENTE DIGITAL

FICHA TÉCNICA

EDITORIAL	Augusto Coelho
	Sara C. de Andrade Coelho
COMITÊ EDITORIAL	Marli Caetano
	Andréa Barbosa Gouveia - UFPR
	Edmeire C. Pereira - UFPR
	Iraneide da Silva - UFC
	Jacques de Lima Ferreira - UP
SUPERVISOR DA PRODUÇÃO	Renata Cristina Lopes Miccelli
PRODUÇÃO EDITORIAL	Renata Miccelli
REVISÃO	Débora Sauaf
DIAGRAMAÇÃO	Andrezza Libel
CAPA	Eneo Lage

COMITÊ CIENTÍFICO DA COLEÇÃO DIREITO E CONSTITUIÇÃO

DIREÇÃO CIENTÍFICA Antonio Evangelista de Souza Netto (PUC-SP)

CONSULTORES

Ana Lúcia Porcionato (UNAERP)	José Laurindo de Souza Netto (TJ/PR – UFPR)
Arthur Mendes Lobo (UFPR)	Larissa Pinho de Alencar Lima (UFRGS)
Augusto Passamani Bufulin (TJ/ES – UFES)	Luiz Osório de Moraes Panza (Desembargador TJ/PR, professor doutor)
Carlos Eduardo Pellegrini (PF - EPD/SP)	Luiz Rodrigues Wambier (IDP/DF)
Danielle Nogueira Mota Comar(USP)	Marcelo Quentin (UFPR)
Domingos Thadeu Ribeiro da Fonseca (TJ/PR – EMAP)	Mário Celegatto (TJ/PR – EMAP)
Elmer da Silva Marques (UNIOESTE)	Mário Luiz Ramidoff (UFPR)
Georges Abboud (PUC/SP)	Maurício Baptistella Bunazar (USP)
Guilherme Vidal Vieira (EMPAP)	Maurício Dieter (USP)
Henrique Garbelini (FADISP)	Ricardo Freitas Guimarães (PUC/SP)

AGRADECIMENTOS

A vida fica mais iluminada quando caminhamos na companhia de amigos, e poder contar com a ajuda deles nos momentos em que nos sentimos perdidos é mais que "uma luz no fim do túnel", é ter um sol brilhando sobre nossa cabeça.

O conteúdo deste livro é o resultado da minha pesquisa de dissertação de mestrado, concluída graças ao apoio e incentivo de pessoas muito queridas.

Agradeço à professora Luciane, minha orientadora, por encarar o desafio da pesquisa sobre um tema tão inovador. Muitas dúvidas e incertezas surgiram no nosso caminho, e elas nos levaram a muitas descobertas. Obrigada, professora!

Agradeço a minha mãe, Cássia, que mandou o *link* de inscrição no mestrado, comprou os livros indicados na seleção, fez aula de italiano para a prova de língua estrangeira junto comigo e revisou o projeto de pesquisa. Mas a ajuda não para aqui. Leu meus artigos, divulgou os livros em que tive participação, esteve presente na minha banca de qualificação e me mandou inúmeras reportagens relacionadas ao tema da minha pesquisa. A dissertação "nasceu", e minha mãe disse "isso aqui eu pintei de laranja porque está muito ruim, tem que melhorar, mas essa parte em azul está maravilhosa". Mãe, você é azul!

Agradeço a minha irmã, Michaella, que leu as 134 páginas da dissertação em uma noite e apontou algumas falhas que eu não havia percebido.

Agradeço ao meu pai, Álvaro, que me incentivou e não me deixou desistir quando achei que eu não ia dar conta.

Agradeço aos colegas de mestrado pelo auxílio durante a pesquisa e pelas indicações de bibliografia. Agora vocês são mais que colegas, são as referências do meu livro!

PREFÁCIO

Maíra Lanner, brilhante aluna, reflete sobre o tema do trabalho decente e o atualiza para o tema instigante das plataformas digitais, que esclarece e problematiza na sua obra.

"Trabalho decente" é um termo estratégico da Organização Internacional do Trabalho (OIT) para unificar aspectos qualitativos e quantitativos do progresso social. Com essa perspectiva, a OIT pretende abranger em rede de proteção social aqueles trabalhadores que não estão vinculados diretamente numa relação de emprego clássica, além de monitorar o respeito dos países membros aos direitos fundamentais no trabalho. Pode-se dizer que a noção de "trabalho decente" unifica a ação da OIT para com a finalidade de atingir os objetivos previstos na sua Constituição, resumidos na busca da justiça social. O trabalho decente vem definido pela OIT como aquele desenvolvido em ocupação produtiva, justamente remunerada e que se exerce em condições de liberdade, equidade, seguridade e respeito à dignidade da pessoa humana. A política do trabalho decente foi reafirmada pela OIT na Conferência Internacional do Trabalho de 2008, na qual foi elaborada a "Declaração da OIT sobre a justiça social para uma globalização equitativa".

Para a organização, o paradigma do trabalho decente significa uma política institucional que procura impulsionar a atenção mundial em torno de quatro pilares laborais: os direitos fundamentais (trabalho com liberdade, igualdade e não forçado ou infantil), o emprego como fator de desenvolvimento para todos, proteção social (redes de amparo em situações de vulnerabilidade) e o diálogo social (busca de consenso entre governo e organizações de trabalhadores e de empregadores sobre condições justas e dignas de trabalho e o emprego).

Todos esses tópicos estão abordados com maestria na obra de Maíra Lanner, fruto da sua dissertação. O trabalho em plataformas digitais precisa ser considerado digno e é nessa linha que se encaminham as conclusões da belíssima obra apresentada pela autora.

Com muita honra, apresento este curto prefácio. Porque o destaque, o trabalho, a pesquisa e as palavras estão em foco com a advogada, mãe, mestra, aluna e amiga: Maíra Lanner.

Porto Alegre, 26 de janeiro de 2024

Luciane Cardoso Barzotto
Desembargadora Federal do Trabalho do TRT da 4ª Região e Professora Associada da Universidade Federal do Rio Grande do Sul (UFRGS) Professora Permanente do Programa de Pós-Graduação em Direito da UFRGS. Professora da Escola Judicial do TRT4/ENAMAT. Integrante da ASRDT (Academia Sul Rio-Grandense de Direito do Trabalho – cadeira 2), do CPJ (Centro de Pesquisas Judiciais) da AMB, do Conselho da EJUD4 (Escola Judicial do TRT da 4ª Região) e da ABDT (Academia Brasileira de Direito do Trabalho – cadeira 98). Coordenadora do CEJUSC2 e NUPEMEC do TRT da 4ª Região (Biênio 2022/2024). Presidente do IIBDT (Instituto Ítalo-Brasileiro de Direito do Trabalho).

SUMÁRIO

1 INTRODUÇÃO 11

2 TRABALHO DIGITAL E MEIO AMBIENTE DO TRABALHO 15
    2.1 TRABALHO DIGITAL NA ERA DA INFORMAÇÃO 21
    2.2 MEIO AMBIENTE DO TRABALHO – UM DIREITO FUNDAMENTAL 23
    2.3 PRINCÍPIOS AMBIENTAIS PARA UM MEIO AMBIENTE DO TRABALHO SAUDÁVEL E A DIGITALIZAÇÃO 28
        2.3.1 Princípio do direito ao meio ambiente ecologicamente equilibrado 28
        2.3.2 Princípio da solidariedade com o futuro 31
        2.3.3 Princípios da precaução e da prevenção 33
        2.3.4 Princípio do poluidor-pagador 36

3 DIGITALIZAÇÃO DO MEIO AMBIENTE DE TRABALHO: A ATIVIDADE LABORAL E AS PLATAFORMAS DIGITAIS 39
    3.1 A EMPRESA DIGITAL 43
    3.2 A DIGITALIZAÇÃO DO TRABALHO 45
    3.3 A DIGITALIZAÇÃO E O PODER DE GESTÃO 50
    3.4 A DIGITALIZAÇÃO E OS DIREITOS FUNDAMENTAIS DO TRABALHADOR 57
        3.4.1 Proteção contra a automação 57
        3.4.2 Direito à privacidade e proteção de dados 60
        3.4.3 Direito ao esquecimento 63
        3.4.4 Direito à desconexão 65
    3.5 AS PLATAFORMAS DIGITAIS 67

4 TRABALHO DECENTE E AMBIENTE DE TRABALHO DIGITAL 71
    4.1 TRABALHO JUSTAMENTE REMUNERADO 75
    4.2 TRABALHO EM CONDIÇÕES DE LIBERDADE 78
    4.3 TRABALHO EM CONDIÇÕES DE IGUALDADE 80
    4.4 TRABALHO FORÇADO 83

4.5 TRABALHO INFANTIL 87
4.6 TRABALHO EM CONDIÇÕES DE SEGURIDADE E TRABALHO VERDE DIGITAL..89
4.7 TRABALHO DECENTE EM PLATAFORMAS DIGITAIS 92

5
CONCLUSÃO 99

REFERÊNCIAS.. 105

LEGISLAÇÃO E JURISPRUDÊNCIA CONSULTADAS 117

INTRODUÇÃO

O desenvolvimento tecnológico que vem acontecendo nos últimos tempos está mudando as relações de emprego e de trabalho, que sofrem modificações diante dessa nova realidade. Tendo em vista as novas possibilidades de trabalho, oportunizadas pelas inovações tecnológicas, entendeu-se oportuno investigar as características do meio ambiente de trabalho na era da digitalização e sua compatibilidade com o trabalho decente. O tema se justifica pela exigência de uma resposta do Direito frente às provocações das novas tecnologias, que cada vez mais interferem no mundo do trabalho, pois possibilitam novas formas de trabalho e inovam na manifestação dos direitos e deveres do trabalhador e das empresas. O Direito deve se adaptar, deve se apropriar desses novos conceitos para viabilizar soluções às demandas sociais.

O trabalho digital já não é um pensamento futurista; está acontecendo neste momento, é presente, é realidade. O trabalhador já está trabalhando com tecnologias digitais em um meio ambiente digital; nesse sentido, pode-se falar em trabalhador digital. Cabe ao Direito dar uma resposta a esse trabalhador digital, considerando sua vulnerabilidade nas relações de trabalho, para que ele, assim como os demais trabalhadores, realize o ideal de trabalho decente. A reforma trabalhista (Lei n. 13.467/2017) é um exemplo de resposta do Direito, pois trouxe avanços tecnológicos para o ordenamento jurídico, como o teletrabalho, definido como a prestação de serviços preponderantemente fora das dependências do empregador, com a utilização de tecnologias de informação e de comunicação que, por sua natureza, não se constituam como trabalho externo[1].

Diante dessa realidade, o objetivo do presente trabalho é verificar se o trabalho digital é capaz de propiciar um trabalho produtivo e adequadamente remunerado, exercido em condições de liberdade, equidade e segurança, sem quaisquer formas de discriminação, e capaz de garantir uma vida digna ao trabalhador. A hipótese levantada por este estudo é que o meio ambiente

---
[1] Conforme dispõe o artigo 75-B da Consolidação das Leis do Trabalho.

do trabalho equilibrado e sadio pode efetivar o ideal de trabalho decente, por meio do respeito ao trabalhador e valorização da dignidade da pessoa humana, evitando qualquer forma de trabalho degradante.

Esta pesquisa parte do pressuposto que as novas tecnologias permitem maior autonomia aos trabalhadores, mas ao mesmo tempo podem conduzir ao desaparecimento de direitos fundamentais, como a liberdade e a dignidade. Alguns questionamentos acabam sendo levantados em relação à organização e estrutura dos processos de trabalho nessas condições. Também se questiona se os institutos atuais de Direito do Trabalho dão conta de explicar os novos paradigmas do trabalho digital sob a ótica do trabalho decente. Não se pretende, no entanto, esgotar o tema. Busca-se analisar as características e particularidades do meio ambiente do trabalho no contexto da digitalização e apontar os principais meios de garantir o trabalho decente para o trabalhador.

No capítulo intitulado "trabalho digital e meio ambiente do trabalho", estuda-se a interferência da chamada quarta revolução industrial (também conhecida como indústria 4.0) no mundo do trabalho. Conceitua-se trabalho digital e meio ambiente digital. Demonstra-se a importância do meio ambiente de trabalho equilibrado para que se atinja o ideal de trabalho decente. Investiga-se os princípios do direito ambiental que auxiliam na preservação do meio ambiente, pois preservar o meio ambiente é preservar a saúde, a dignidade e a vida do trabalhador. Logo, entende-se que o meio ambiente de trabalho sadio é um direito fundamental do trabalhador.

No capítulo intitulado "digitalização do meio ambiente de trabalho: a atividade laboral e as plataformas digitais", investiga-se os efeitos da digitalização no mundo do trabalho. Constata-se o surgimento de novas formas de trabalho por meio das plataformas de trabalho digital, e questiona-se quanto à existência de subordinação nas relações estabelecidas em razão dessas plataformas e quais os efeitos no poder de gestão – caso o Direito entenda que são relações subordinadas. Percebe-se o desafio jurídico em relação ao trabalhador digital, que não se enquadra em nenhuma das categorias jurídicas de trabalhador atualmente existentes. Busca-se entender o impacto da digitalização nos direitos fundamentais do trabalhador, que deve ser protegido contra a automação, deve ter sua privacidade preservada, deve ter o controle sobre seus dados pessoais e deve conseguir se desconectar da atividade laboral.

No capítulo intitulado "trabalho decente e ambiente de trabalho digital", estuda-se o conceito de trabalho decente adotado pela Organização Internacional do Trabalho (OIT), analisando-se se é possível que o trabalho digital seja uma ocupação produtiva, justamente remunerada, exercida em condições de liberdade, equidade, seguridade e respeito à dignidade da pessoa humana. O trabalho decente é o ponto de convergência dos quatro objetivos estratégicos da OIT[2]: (1) o respeito aos direitos no trabalho, especialmente aqueles definidos como fundamentais (liberdade sindical, direito de negociação coletiva, eliminação de todas as formas de discriminação em matéria de emprego e ocupação e erradicação de todas as formas de trabalho forçado e trabalho infantil); (2) a promoção do emprego produtivo e de qualidade; (3) a ampliação da proteção social; (4) o fortalecimento do diálogo social. Por meio da análise de casos reais, trazidos a esta dissertação com o auxílio de reportagens jornalísticas, são apresentados exemplos de uso das tecnologias que acarretam em trabalho em condições degradantes, mas também são destacados casos em que a digitalização está proporcionando condições de trabalho decente.

---

[2] INTERNATIONAL LABOUR ORGANIZATION. **Report of the Director-General:** Decent Work. Geneva, jun. 1999. Disponível em: https://www.ilo.org/public/english/standards/relm/ilc/ilc87/rep-i.htm. Acesso em: 7 jul. 2018.

2

TRABALHO DIGITAL E MEIO AMBIENTE DO TRABALHO

A digitalização é uma exigência da evolução tecnológica. Para utilizar as tecnologias da informação e comunicação, como computadores e *smartphones*, é necessário que a informação seja codificada para o meio eletrônico. Na era da digitalização, muitas atividades do cotidiano dependem do uso da tecnologia, o que também afeta o mundo do trabalho.

No desempenho de suas atividades, o trabalhador interage com a tecnologia, e em algumas situações suas atividades laborais só são executadas em razão da existência dessa tecnologia. Esse trabalho relacionado com a digitalização, segundo Moreira, é "[...] o trabalho em plataformas, a economia colaborativa, o trabalho integrado, que origina uma mudança de valores e de novos compromissos sociais"[3]. Novas realidades no mundo do trabalho envolvem conceitos da indústria 4.0, da economia do compartilhamento, da *gig economy* e da plataformização do trabalho. Essas mudanças de paradigma produtivo se expressam no termo *digitalização*. Nesse sentido, cabe destacar a constatação de Lima:

> O mundo digital existe, a sociedade já se modificou e atualmente o homem trabalha nele, o que é mais significativo e complexo do que simplesmente trabalhar com ele.[4]

Neste capítulo, pretende-se contextualizar o trabalho diante dessas novas tecnologias, para então investigar as condições e impactos desse meio ambiente de trabalho digital na vida do trabalhador. Também, questiona-se se esse trabalho digital pode ser um trabalho decente, definido pela OIT[5]

---

[3] MOREIRA, Teresa Coelho. Algumas questões sobre trabalho 4.0. *In:* MEDEIROS, Benizete Ramos de (coord.). **O Mundo do trabalho em movimento e as recentes alterações legislativas**: um olhar luso-brasileiro. São Paulo: LTr, 2018. p. 192.

[4] LIMA, Leonardo Tibo Barbosa. A natureza da relação jurídica na prestação de serviço de saúde ofertada por plataforma eletrônica. *In:* LEME, Ana Carolina Reis Paes; RODRIGUES, Bruno Alves; CHAVES JÚNIOR, José Eduardo de Resende (coord.). **Tecnologias disruptivas e a exploração do trabalho humano**. São Paulo: LTr, 2017. p. 227.

[5] INTERNATIONAL LABOUR ORGANIZATION. **Report of the Director-General:** Decent Work. Geneva, jun. 1999. Disponível em: https://www.ilo.org/public/english/standards/relm/ilc/ilc87/rep-i.htm. Acesso em: 7 jul. 2018.

como aquele desenvolvido em ocupação produtiva, justamente remunerado, e que se exerce em condições de liberdade, equidade, seguridade e respeito à dignidade da pessoa humana.

Hoje é possível notar o surgimento de uma nova onda de avanço tecnológico, a indústria digital. Em 2012, inicia-se na Alemanha o movimento que forneceria os contornos do que seria a quarta revolução industrial, também conhecida como Indústria 4.0. Esse nome foi dado pelo governo alemão para o desenvolvimento do seu programa de fábricas inteligentes, versáteis e eficientes, apoiadas na computação, na automação e na conectividade.[6]

Segundo Rifkin, tem-se três revoluções industriais, três transformações radicais nas fontes de energia, na comunicação, nos transportes e na organização do trabalho, simplificadas no quadro abaixo:

Quadro 1 – Resumo das três revoluções industriais

	primeira revolução industrial	segunda revolução industrial	terceira revolução industrial
período	início do século XIX	final do século XIX	final do século XX
energia	carvão (máquina a vapor)	eletricidade, petróleo	solar, eólica (renovável)
comunicação	impressão a vapor, telégrafo	telefone, rádio, televisão	internet, computador
transportes	locomotivas a vapor	motor de combustão interna, automóveis	compartilhado
trabalho	subordinado e desregulamentado	subordinado e regulamentado	autônomo, colaborativo, voluntário

Fonte: adaptado de Rifkin[7]

Nas empresas e fábricas da terceira revolução industrial, a automação já tinha dado um grande salto. Já era possível e viável, por exemplo, pintar um carro de azul e outro de vermelho, mas ainda assim era necessário que um trabalhador realizasse a troca da tinta, o que envolvia a limpeza do equipamento. Logo, havia risco para a saúde do trabalhador e impacto ambiental em razão dos compostos químicos da coloração. Já com a utili-

---

[6] OLIVEIRA NETO, Célio Pereira. **Trabalho em ambiente virtual**: causas, efeitos e conformação. São Paulo: LTr, 2018. p. 26.

[7] RIFKIN, Jeremy. **Sociedade com custo marginal zero**. São Paulo: M. Books do Brasil Editora, 2016, *passim*.

zação de computadores e robôs, esse processo está sendo revolucionado. O computador comanda a troca de tinta pelos robôs, que é feita de forma mais rápida, e pode-se produzir carros de cores diferentes na mesma linha de produção, não expondo mais o trabalhador ao risco de trabalhar em uma cabine de pintura.

Em um mundo conectado e repleto de computadores, a produção de pequenos lotes de produtos personalizados reduz distâncias, estoques e custos de produção e gestão. Não é preciso montar grandes fábricas, pois a produção pode ser descentralizada, e células isoladas operam como uma rede integrada, automatizada e com fluxo de produção otimizado, aumentando a eficiência e mudando a relação entre fornecedores, produtores e clientes.

As novas tecnologias estão permitindo grandes ganhos de produtividade e enorme dinamismo em toda a cadeia de produção. A gestão de estoque e a logística de distribuição são agora mais ágeis e eficientes, o que demanda trabalhadores mais qualificados, capazes de utilizar essas tecnologias e ainda criar outras soluções. A indústria 4.0 é um sistema autônomo, em que há eliminação da centralização do planejamento, do controle, das decisões que são ligadas ao consumo. Trata-se de uma iniciativa de orientação das políticas industriais em que a indústria passa a se comunicar entre si, como se verifica pela Internet das Coisas (ou IoT, da sigla em inglês para *Internet of Things*)[8]. As coisas, os objetos, as pessoas, os processos, todos se comunicam com uma certa autonomia.

Segundo a agenda brasileira para a Indústria 4.0[9], a quarta revolução industrial se caracteriza por um conjunto de tecnologias que permitem a fusão do mundo físico, digital e biológico, como a Manufatura Aditiva, a

---

[8] A Internet das Coisas é um conceito que abrange a conexão de máquinas, produtos, sistemas e pessoas por meio da internet, que interagem e se integram permitindo a união e análise de dados de toda a cadeia de interação. Logo, a IoT possibilita identificar problemas de forma antecipada, permitindo processos mais rápidos, flexíveis e eficientes para a produção de bens de alta qualidade a custos reduzidos (RIFKIN, Jeremy. **Sociedade com custo marginal zero**. São Paulo: M. Books do Brasil Editora, 2016. p. 25).

[9] A Agenda brasileira para a Indústria 4.0 assim conceitua as novas tecnologias: (1) Manufatura Aditiva ou Impressão 3D é a adição de material para fabricar objetos, formados por várias peças, constituindo uma montagem; (2) Inteligência Artificial é um segmento da computação que busca simular a capacidade humana de raciocinar, tomar decisões, resolver problemas, dotando softwares e robôs de uma capacidade de automatizarem vários processos; (3) Internet das Coisas representa a possibilidade de que objetos físicos estejam conectados à internet podendo assim executar de forma coordenada uma determinada ação; (4) Biologia sintética é a convergência de novos desenvolvimentos tecnológicos nas áreas de química, biologia, ciência da computação e engenharia, permitindo o projeto e construção de novas partes biológicas tais como enzimas, células, circuitos genéticos e redesenho de sistemas biológicos existentes; (5) Sistemas Ciber-Físicos sintetizam a fusão entre o mundo físico e digital, dentro desse conceito, todo o objeto físico (seja uma máquina ou um linha de produção) e os processos físicos que ocorrem, em função desse objeto, são digitalizados (MINISTÉRIO DA INDÚSTRIA, COMÉRCIO E SERVIÇOS. **Agenda Brasileira para a Indústria 4.0**. Disponível em: http://www.industria40.gov.br/. Acesso em: 20 dez. 2018).

Inteligência Artificial, a Internet das Coisas, a Biologia Sintética e os Sistemas Ciber-Físicos. Essas tecnologias representam um salto evolutivo em termos de automação. As novas máquinas e robôs podem ser ainda mais integrados, é como se conversassem entre si, dando seguimento às operações sem a participação dos trabalhadores. Tudo pode ser comandado por computadores que, até mesmo, conectam a produção de uma fábrica com outra, em diversos lugares e até mesmo países diferentes. É possível integrar completamente uma enorme cadeia de produção em que cada empresa produz uma parte específica de um produto, como as peças de um avião, por exemplo. Para tanto, são necessárias redes de comunicação sem fio e entre máquinas, a digitalização da informação, o desenvolvimento de sensores, robôs inteligentes, impressoras 3D, coleta e análise de uma vasta quantidade de dados (*big data*) e a computação em nuvem[10]. Os novos robôs autônomos realizam serviços complexos, mais flexíveis e cooperativos.

Após essa contextualização, importa conceituar meio ambiente do trabalho para, na sequência, verificar os impactos da digitalização e as formas de garantir ao trabalhador condições dignas para o desempenho de suas atividades.

Meio ambiente, para a Lei de Política Nacional do Meio Ambiente, é o conjunto de condições, leis, influências e interações de ordem física, química e biológica, que permite, abriga e rege a vida em todas as suas formas[11]. A definição de meio ambiente é bastante ampla e abrange um conjunto de relações entre o ser humano e o ambiente[12], estando em harmonia com a Constituição Federal de 1988, que igualmente traz um conceito amplo no *caput* do artigo 225, buscando tutelar todos seus aspectos.[13]

---

[10] A computação em nuvem não se resume a arquivos que podem ser armazenados na internet. Trata-se da utilização de grandes servidores, que ficam fora das empresas, para processar todo tipo de dados, inclusive para controlar máquinas e equipamentos. Dados da máquina, que antes ocupavam espaço da memória do computador e limitavam suas funcionalidades, são cada vez mais mobilizados para a nuvem, dando agilidade e versatilidade à produção. Os funcionários, fornecedores e clientes da empresa podem acessar em tempo real todas as informações, o que aumenta a eficiência dos processos de gestão e de produção. No entanto, em operações conectadas nessa escala, há muitos riscos ligados à quebra de segurança (a exemplo de hackers e espionagem industrial), pois todos os dados então na internet. Logo, a segurança cibernética é uma grande preocupação da indústria 4.0.

[11] É a redação do inciso I, do artigo 3º da Lei n. 6.938/1981.

[12] Entende-se que o ser humano é parte integrante do conceito amplo de meio ambiente, e sua relação com o meio define as particularidades do meio ambiente. A título de exemplo, a cultura é uma forma particular do humano modificar o ambiente natural; integra o meio ambiente, mas pode ser olhada com particularidade. É possível fazer a segregação do que é "natural" e do que foi modificado, ao mesmo tempo em que se admite que a modificação é natural, uma vez que o humano é parte do meio, e todas as modificações produzidas por ele serão igualmente naturais.

[13] LANNER, Maíra Brecht. Os limites da responsabilidade civil ambiental das Instituições Financeiras. 2015. Trabalho de Conclusão de Curso (Graduação em Direito) - Curso de Direito, Centro Universitário Ritter dos Reis, Canoas, 2015.

A Constituição Federal, ao dispor que todos têm direito ao meio ambiente ecologicamente equilibrado, bem de uso comum do povo e essencial à sadia qualidade de vida, impondo-se ao Poder Público e à coletividade o dever de defendê-lo e preservá-lo para as presentes e futuras gerações[14], afasta a definição de meio ambiente como sendo mero reflexo da ideia de natureza. Dessa forma, pode-se entender o conceito de meio ambiente como a junção do meio ambiente natural, cultural, artificial, do trabalho e digital, os quais devem ser preservados por meio do Direito.

Melo[15] afirma que meio ambiente natural é aquele em que ocorrem os processos ecológicos essenciais, sendo composto por solo, água, fauna e flora. Já o meio ambiente artificial é aquele criado pela ação transformadora do ser humano sobre a natureza. É o espaço urbano habitável, abrangendo as edificações, espaços fechados e equipamentos públicos[16]. O autor conceitua meio ambiente cultural como aquele que diz respeito à história, formação e cultura de um povo. Aqui se incluindo tanto os bens tangíveis – imóveis de valor histórico, artístico, arqueológico, paisagístico, turístico, obras de arte, esculturas etc. –, como os intangíveis – ritos, tradições, festas populares, criações científicas etc. – e os bens naturais – água, ar, solo, paisagens naturais –, aos quais o homem atribui valor cultural.

O meio ambiente de trabalho é o local onde as pessoas realizam suas atividades laborais, desenvolvendo atividade profissional remunerada ou não, não se restringindo esse ambiente ao local estrito da ocupação do trabalhador. O meio ambiente de trabalho abrange "o local de trabalho, os instrumentos de trabalho, o modo de execução das tarefas e a maneira como o trabalhador é tratado pelo empregador ou tomador de serviço e pelos próprios colegas de trabalho"[17]. Em resumo, todos os fatores que interferem no bem-estar do trabalhador compõem o meio ambiente de trabalho, e a colaboração para a proteção desse ambiente é um dever constitucional[18].

---

[14] É a redação do artigo 225, *caput* da Constituição Federal da República do Brasil.

[15] MELO, Raimundo Simão de. **Direito Ambiental do Trabalho e a saúde do trabalhador**: responsabilidades legais, dano material, dano moral, dano estético, indenização pela perda de uma chance, prescrição. 4. ed. São Paulo: LTr, 2010. p. 29.

[16] *Ibidem*, p. 30.

[17] *Ibidem*, p. 31.

[18] Conforme o artigo 200 da Constituição Federal de 1988, "Art. 200. Ao sistema único de saúde compete, além de outras atribuições, nos termos da lei: [...] VIII - colaborar na proteção do meio ambiente, nele compreendido o do trabalho.".

O meio ambiente digital é termo recente na doutrina, sendo referido em artigos publicados por diferentes autores (Coutinho, Chehab, e Fiorillo e Conte[19]) como um resultado do reflexo do meio ambiente cultural na comunicação social, e que tem amparo Constitucional[20]. Explica-se: em relação ao meio ambiente cultural, busca-se a proteção, dentre outros bens, dos bens materiais ou imateriais, como os modos de fazer e as formas de expressão, que têm o condão de "atribuir" identidade e/ou resgatar a memória a determinados povos. Fiorillo e Souza afirmam que o meio ambiente digital é "[...] o ramo do Direito Ambiental que estuda os bens portadores de referência à identidade, à ação e à memória dos grupos formadores da sociedade brasileira no meio digital [...]"[21]. Para Fiorillo e Conte, o meio ambiente digital fixa, no âmbito do direito brasileiro,

> [...] os deveres, direitos, obrigações e regime de responsabilidades inerentes à manifestação de pensamento, criação, expressão e informação realizados pela pessoa humana com a ajuda de computadores (art. 220 da Constituição Federal) dentro do pleno exercício dos direitos culturais assegurados a brasileiros e residentes no País (arts. 215 e 5º da CF) orientado pelos princípios fundamentais da Constituição Federal (arts. 1º a 4º da CF). Trata-se indiscutivelmente no século XXI de um dos mais importantes aspectos do direito ambiental brasileiro destinado às presentes e futuras gerações (art. 225 da CF), verdadeiro objetivo fundamental a ser garantido pela tutela jurídica de nosso meio ambiente cultural (art. 3º da CF) principalmente em face do "abismo digital" que ainda vivemos no Brasil. [22]

O conceito de meio ambiente digital, aparentemente, não está consolidado. Parece estar diante do acoplamento[23] de diferentes estruturas: meio ambiente, tecnologia e expressão cultural. Mas não se trata de um simples

---

[19] COUTINHO, Ricardo Silva. O meio ambiente digital e a tutela dos bens culturais. **Revista Brasileira de Meio Ambiente Digital e Sociedade da Informação**, São Paulo, v. 1, n. 1, 2014, p. 223. / CHEHAB, Gustavo Carvalho. **A privacidade ameaçada de morte**. São Paulo: LTr, 2015. p. 146. / FIORILLO, Celso Antonio Pacheco; CONTE, Christiany Pegorary. **Crimes no meio ambiente digital**. São Paulo: Saraiva, 2013. p. 12-19.

[20] Conforme disciplina o artigo 220 da Constituição Federal: "A manifestação do pensamento, a criação, a expressão e a informação, sob qualquer forma, processo ou veículo não sofrerão qualquer restrição, observado o disposto nesta Constituição".

[21] FIORILLO, Celso Antonio Pacheco; SOUZA, Carolina Ferreira. O direito à comunicação e a tutela do meio ambiente digital. **Revista de Direito Ambiental e Socioambientalismo**. Curitiba, v. 2, n. 2, p. 186-206, jul./dez. 2016, p. 198. Disponível em: https://www.indexlaw.org/index.php/Socioambientalismo/article/view/1622/pdf. Acesso em: 5 out. 2018.

[22] FIORILLO, Celso Antonio Pacheco; CONTE, Christiany Pegorary. **Crimes no meio ambiente digital**. São Paulo: Saraiva, 2013. p. 17-18.

[23] O "acoplamento" aqui mencionado é um conceito proposto por Luhmann sobre a teoria dos sistemas sociais. Acoplamento é a capacidade dos sistemas de utilizarem elementos de outros sistemas para possibilitar suas próprias operações internas. Exemplifica-se esse conceito: a Constituição seria um acoplamento entre os sistemas do Direito e da Política (LUHMANN, Niklas. **O direito da sociedade**. São Paulo: Martins Fontes, 2016. p. 590-591).

acoplamento, visto que não se tem uma estrutura fixa, engessada. Meio ambiente digital deve ser entendido como um conceito multi e transdisciplinar, que permeia diferentes estruturas, pois está em constante mutação. Nessa perspectiva, é possível afirmar que as inovações tecnológicas permitiram novas formas de trabalho e de comunicação social, além de proporcionar novos modos de criação e expressão cultural.

O Direito não pode se limitar. Todas essas "provocações" exigem uma resposta, as limitações do Direito devem se tornar possibilidades. O sistema do Direito deve estar sempre aberto às provocações para que possa sofrer mutações, e só assim dar uma resposta à sociedade. O meio ambiente digital é uma provocação, é um novo olhar sobre o meio ambiente, o qual deve ser protegido para que se mantenha ecologicamente equilibrado para as presentes e futuras gerações.

O caráter ambiental do meio digital, "atrai a incidência do art. 225 da Constituição e dos princípios de Direito Ambiental"[24]. No contexto da sociedade atual, em que as pessoas estão cada vez mais imersas no espaço digital, inclusive para o desenvolvimento de suas atividades laborais, assegurar a dignidade da pessoa humana e a qualidade do meio ambiente, nos termos estabelecidos pela Constituição Federal, é um desafio a ser superado.

2.1 TRABALHO DIGITAL NA ERA DA INFORMAÇÃO

O meio ambiente do trabalho adquiriu um aspecto digital: *smartphones*, *laptops* e *tablets* fazem parte da rotina da maioria das pessoas. Até mesmo o principal meio de prova de existência de contrato de trabalho subordinado, a Carteira de Trabalho e Previdência Social (CTPS), já está disponível em meio digital[25]. O meio ambiente em que o trabalhador está inserido também

---

[24] CHEHAB, Gustavo Carvalho. **A privacidade ameaçada de morte**. São Paulo: LTr, 2015. p. 128.

[25] Conforme o artigo 13 da CLT, a CTPS é o documento obrigatório para o exercício de qualquer emprego, inclusive de natureza rural, ainda que em caráter temporário, e para o exercício por conta própria de atividade profissional remunerada. Assim, garante o acesso a direitos trabalhistas como seguro-desemprego, benefícios previdenciários e FGTS. Nenhum empregado pode ser admitido sem a anotação em sua CTPS, sendo seu dever apresentá-la ao empregador, que deve restituir o documento com os devidos registros em 48 horas (artigo 29 da CLT). Destaca-se que a ausência de registro na CTPS importa em infração, com a consequente autuação pelo auditor-fiscal do trabalho (§ 3º do artigo 29 da CLT). A CTPS contém os registros laborais do trabalhador, retrata toda a sua vida funcional, sendo considerada prova de presunção relativa em relação ao empregador segundo a súmula n. 12 do TST. Em 2017, o Ministério do Trabalho desenvolveu a carteira de trabalho digital, e o trabalhador brasileiro passou a ter acesso a essa nova ferramenta, que é uma extensão da carteira de trabalho impressa. A CTPS digital pode ser obtida gratuitamente por qualquer trabalhador por meio de um aplicativo para celular, mas o aplicativo não substitui a CTPS impressa. A digitalização da CTPS poderá agilizar a relação do trabalhador com os órgãos oficiais, uma vez que permite a redução de tempo de atendimento em razão do melhor aproveitamento das vagas

acompanhou as mudanças tecnológicas, fazendo surgir o meio ambiente de trabalho digital, e com ele, novos riscos ao trabalhador. Nesse sentido, Ingo Sarlet comenta sobre a dignidade da pessoa humana frente ao que o autor denomina "sociedade tecnológica":

> O Estado de Direito, a fim de promover a tutela da dignidade humana frente aos novos riscos ambientais e inseguranças gerados pela sociedade tecnológica contemporânea, deve ser capaz de conjugar os valores fundamentais que emergem das relações sociais e, através das suas instituições democráticas, garantir aos cidadãos a segurança necessária à manutenção e proteção da vida com qualidade ambiental, vislumbrando, inclusive, as consequências futuras resultantes da adoção de determinadas tecnologias.[26]

Para Souto Maior, "a tecnologia fornece à sociedade meios mais confortáveis de viver, [...] mas, fora de padrões responsáveis, pode provocar desajustes na ordem social [...]"[27]. Segue o autor afirmando que a tecnologia pode gerar novas exigências no mercado de trabalho, com a consequente necessidade de proteção social dos trabalhadores "em termos de 'inovação', 'deslocamento', 'reabsorção', e de 'requalificação profissional.'"[28].

Reconhece-se aqui os benefícios trazidos pelos avanços tecnológicos, como a rapidez na transmissão de informações, a facilidade de comunicação mesmo a longa distância, a redução no custo das transações, o processamento de dados, dentre outros. No entanto, há que se atentar para que os impactos dos avanços tecnológicos no meio ambiente de trabalho não legitimem retrocesso social no direito à saúde dos trabalhadores.[29]

---

disponíveis, além de facilitar o acesso às informações trabalhistas e promover a integração das bases de dados do Ministério do Trabalho. A CTPS digital já está disponível, mas ainda é uma tecnologia em desenvolvimento, ou seja, há melhorias a serem implementadas. Os usuários que instalam o aplicativo têm a possibilidade de avaliar sua experiência. A pontuação pode ser visualizada na área de download do aplicativo (Apple Store para dispositivos com sistema operacional iOS e Play Store para dispositivos com sistema operacional Android), que ainda permite comentários (MINISTÉRIO DO TRABALHO. Portal Emprega Brasil. **Carteira de trabalho digital**. Disponível em: https://empregabrasil.mte.gov.br/carteira-de-trabalho-digital/. Acesso em: 8 jul. 2018).

[26] SARLET, Ingo Wolfgang (org.). **Estado socioambiental e direitos fundamentais**. Porto Alegre: Livraria do Advogado, 2010. p. 17.

[27] SOUTO MAIOR, Jorge Luiz. Do direito à desconexão do trabalho. **Revista do Tribunal Regional do Trabalho da 15ª Região**, Campinas, n. 23, p. 296-313, jul./dez. 2003, p. 298. Disponível em: https://hdl.handle.net/20.500.12178/108056. Acesso em: 3 jul. 2018.

[28] SOUTO MAIOR, Jorge Luiz. Do direito à desconexão do trabalho. **Revista do Tribunal Regional do Trabalho da 15ª Região**, Campinas, n. 23, p. 296-313, jul./dez. 2003, p. 299. Disponível em: https://hdl.handle.net/20.500.12178/108056. Acesso em: 3 jul. 2018.

[29] MELO, Sandro Nahmias; RODRIGUES, Karen Rosendo de Almeida Leite. **Direito à desconexão do trabalho**: com análise crítica da Reforma Trabalhista: (Lei n. 13.467/2017). São Paulo: LTr, 2018. p. 49.

Para Melo e Rodrigues, as novas tecnologias possibilitam novos canais de comunicação, que estreitam "[...] a relação entre as unidades produtivas, favorecendo o trabalho a distância, em especial o teletrabalho. A produção desloca duas variáveis tradicionais de organização do trabalho: lugar e tempo"[30]. Ainda segundo os autores, "a influência negativa dos novos meios tecnológicos e de comunicação no ambiente laboral e, portanto, na saúde dos trabalhadores é um dos aspectos que precisam ser considerados e estudados."[31]. Dessa forma, para que se atinja um ideal de trabalho decente, com respeito à dignidade humana, é preciso que o trabalhador tenha um meio ambiente do trabalho sadio.

2.2 MEIO AMBIENTE DO TRABALHO – UM DIREITO FUNDAMENTAL

A Constituição Federal de 1988 positivou o direito fundamental ao meio ambiente ecologicamente equilibrado a todos, o que inclui o meio ambiente do trabalho. Considerado direito fundamental de terceira geração, o direito ao meio ambiente sadio está relacionado à solidariedade e, apesar da titularidade difusa, mantém uma dimensão individual na medida em que o seu desrespeito afeta cada ser de maneira individual.

Como explica Melo[32], o direito à vida é o direito mais fundamental do homem, pois é a base para a existência e gozo dos demais direitos humanos, constando em várias declarações internacionais. No entanto, o autor faz uma ressalva:

> Mas esse direito [à vida], conforme assegura a nossa Constituição Federal no art. 225, requer vida com qualidade e, para que o trabalhador tenha vida com qualidade, é necessário que se assegurem os seus pilares básicos: trabalho decente e em condições seguras e salubres[33].

Nessa mesma linha de pensamento, Zimmermann[34] afirma que não se questiona a dignidade da pessoa humana como um direito fundamental,

---

[30] *Ibidem*, p. 51.
[31] *Ibidem*.
[32] MELO, Raimundo Simão de. **Direito Ambiental do Trabalho e a saúde do trabalhador**: responsabilidades legais, dano material, dano moral, dano estético, indenização pela perda de uma chance, prescrição. 4. ed. São Paulo: LTr, 2010. p. 37.
[33] *Ibidem*, p. 37.
[34] ZIMMERMANN, Cirlene Luiza. **A ação regressiva acidentária como instrumento de tutela do meio ambiente de trabalho**. 2. ed. São Paulo: LTr, 2015. p. 54.

> [...] sendo exatamente nisso que reside todo o debate acerca da fundamentalidade do direito ao trabalho em um ambiente sem riscos ou com os riscos minimizados por todos os meios possíveis, já que o direito fundamental máximo da dignidade da pessoa humana só se realiza plenamente quando aquele também é cumprido, sendo que violações daquele implicam restrições deste.[35]

A Constituição de 1988 elenca direitos respectivos aos trabalhadores de duas ordens: direitos consoantes às relações individuais e direitos coletivos. Os direitos individuais são aqueles inerentes ao trabalhador enquanto indivíduo, e estão elencados no artigo 7º da Constituição Federal de 1988. Dentre esses direitos, há princípios e regras que buscam preservar a saúde do trabalhador e minimizar o risco de acidentes. Os direitos coletivos são dispostos nos artigos 8º a 11 da Constituição Federal, quais sejam: livre associação profissional ou sindical, direito de greve, direito de representação nos colegiados dos órgãos públicos, participação e representação classista.[36]

A promoção do meio ambiente de trabalho adequado e seguro se enquadra na relação de direitos individuais, sendo a preocupação com o bem-estar do trabalhador uma importante ferramenta na efetivação de tais direitos. Essa preocupação, de início, deu-se na tentativa de reduzir os acidentes de trabalho, passando-se para a prevenção de doenças ocupacionais e cuidados com a saúde do trabalhador – aqui, entende-se saúde como ausência de doença[37].

Posteriormente, com a ratificação da Convenção n. 155 da Organização Internacional do Trabalho (promulgada pelo Decreto n. 1.254, de 29 de setembro de 1994), que dispõe sobre a segurança e saúde dos trabalhadores, o vocábulo *saúde* teve seu entendimento ampliado para "não só a ausência de afecções ou de doenças, mas também os elementos físicos e mentais que afetam a saúde e estão diretamente relacionados com a segurança e a higiene no trabalho"[38]. Logo, o termo saúde englobou o bem-estar físico, mental e social.

Conforme afirma Oliveira[39], são vários os fatores que interferem no bem-estar do trabalhador, desde o local de trabalho até o ambiente que o cerca. Para o autor, constitui o meio ambiente de trabalho:

---

[35] *Ibidem*, p. 54.

[36] LANNER, Maíra Brecht. **Meio ambiente de trabalho:** trabalho marítimo e portuário. 2012. Trabalho de Conclusão de Curso (Especialização em Direito Ambiental) – Curso de Direito. Universidade Federal do Rio Grande do Sul, Porto Alegre, 2012.

[37] OLIVEIRA, Sebastião Geraldo de. **Proteção jurídica à saúde do trabalhador.** 6. ed. rev. atual. São Paulo: LTr, 2011. p. 72.

[38] Conforme artigo 3º, alínea "e" da Convenção n. 155 da OIT, de 1981.

[39] OLIVEIRA, *op. cit*, p. 74.

> [...] não só o ambiente físico, mas todo o complexo de relações humanas na empresa, a forma de organização do trabalho, sua duração, os ritmos, os turnos, os critérios de remuneração, as possibilidades de progresso, o "clima" organizacional, a satisfação dos trabalhadores etc.[40]

A Convenção n. 155 da OIT conceitua local de trabalho como "todos os lugares onde os trabalhadores devem permanecer ou onde têm que comparecer, e que estejam sob o controle, direto ou indireto, do empregador"[41], e lista os principais fatores de verificação das condições no local de trabalho – equipamentos em geral, substâncias e processos que possam causar danos à saúde do trabalhador. A referida Convenção tem como conteúdo básico a normatização do dever de se formular uma política nacional, cujo objetivo será:

> [...] prevenir os acidentes e os danos à saúde que forem conseqüência [sic] do trabalho, tenham relação com a atividade de trabalho, ou se apresentarem durante o trabalho, reduzindo ao mínimo, na medida que for razoável e possível, as causas dos riscos inerentes ao meio-ambiente de trabalho.[42]

Para Zimmermann[43], a Convenção n. 155 da OIT restringe o conceito de meio ambiente do trabalho, pois o atrela ao empregador. Escreve a autora:

> Tal definição, todavia, restringe o conceito de MAT [meio ambiente do trabalho], o qual, na realidade, reflete todos os espaços e contornos em que se desenvolvem atividades de trabalho humanas, sendo a mão de obra empregada apenas uma delas, motivo pelo qual o empregador também não é o único responsável pelo ambiente laboral. MAT não é sinônimo de fábrica ou empresa, sendo esses somente dois aspectos desse ambiente, que são complementados por quaisquer outros espaços artificiais (urbanos, periféricos ou rurais) ou naturais (preservados ou não) em que se desenvolvem atividades laborais.[44]

---

[40] OLIVEIRA, Sebastião Geraldo de. **Proteção jurídica à saúde do trabalhador**. 6. ed. rev. atual. São Paulo: LTr, 2011. p. 74.

[41] BRASIL. Decreto n. 1.254, de 29 de setembro de 1994. Disponível em: http://www.planalto.gov.br/ccivil_03/decreto/1990-1994/d1254.htm. Acesso em: 25 jun. 2018.

[42] *Ibidem*.

[43] ZIMMERMANN, Cirlene Luiza. **A ação regressiva acidentária como instrumento de tutela do meio ambiente de trabalho**. 2. ed. São Paulo: LTr, 2015. p. 30.

[44] *Ibidem*, p. 30.

A referida autora conceitua meio ambiente de trabalho como uma decorrência do conceito de meio ambiente:

> Assim, partindo do pressuposto de que o Meio Ambiente do Trabalho (MAT) é uma das perspectivas de análise do meio ambiente, a formação do conceito daquele decorre deste. O MAT, enquanto espécie, portanto, é o conjunto de condições, leis, influências e interações de ordem física, química, biológica e psíquica (acréscimo indispensável por envolver relações humanas), que permite, abriga e rege a vida dos trabalhadores, ou seja, a conjunção de todos os fatores que interferem no bem-estar do obreiro.[45]

Amplia-se esse conceito de que meio ambiente do trabalho é o local da prestação de trabalho para qualquer local onde o trabalhador se encontre desempenhando suas atividades. Ainda, estão inclusas as condições existentes no local de trabalho, como ferramentas de trabalho, maquinário, equipamentos de proteção individual, dentre outras.[46] Para Feliciano e Ebert, "[o] meio ambiente do trabalho equilibrado é conteúdo mínimo do trabalho decente, não se limitando ao espaço físico do empregador [...]"[47], sendo um dever da empresa a responsabilidade pelo fornecimento de instrumentos de trabalho de acordo com a Norma Regulamentadora n. 12, do Ministério do Trabalho e Emprego, dentre outras.

O meio ambiente de trabalho abrange não apenas local onde o trabalhador presta o seu serviço, mas também todos os fatores internos e externos que possam interagir com o trabalho e contribuir para seu equilíbrio ou desequilíbrio, interferindo no bem-estar físico, social e mental do trabalhador, e seu objetivo maior é promover a qualidade de vida do trabalhador. Dessa forma, qualquer violação de direitos deve ser evitada a fim de garantir condições de trabalho dignas ao trabalhador.

Ingo Sarlet é claro ao afirmar que "não se pode conceber a vida – com dignidade e saúde – sem um ambiente natural saudável e equilibrado"[48]. Ousa-se afirmar que o direito ao meio ambiente ecologicamente equilibrado

---

[45] ZIMMERMANN, Cirlene Luiza. **A ação regressiva acidentária como instrumento de tutela do meio ambiente de trabalho**. 2. ed. São Paulo: LTr, 2015. p. 29.

[46] LANNER, Maíra Brecht. **Meio ambiente de trabalho:** trabalho marítimo e portuário. 2012. Trabalho de Conclusão de Curso (Especialização em Direito Ambiental) – Curso de Direito. Universidade Federal do Rio Grande do Sul, Porto Alegre, 2012.

[47] FELICIANO, Guilherme Guimarães; EBERT, Paulo Roberto Lemgruber (coord.). **Direito Ambiental do Trabalho**: apontamentos para uma teoria geral. 4. vol. São Paulo: LTr, 2018. p. 184.

[48] SARLET, Ingo Wolfgang; FENSTERSEIFER, Tiago. **Direito constitucional ambiental**: Constituição, direitos fundamentais e proteção do ambiente. 2. ed. São Paulo: Rev. dos Tribunais, 2012. p. 41.

é "pressuposto lógico e inafastável da realização do direito à 'sadia qualidade de vida' e, em termos, à própria vida. Por isso, ele pode ser exercido por todos, seja coletivamente [...], seja pela pessoa humana [...]"[49]. Para Milaré, a qualidade de vida está diretamente ligada à qualidade ambiental, "[...] e é exatamente esse liame indissociável entre os dois conceitos que erige o direito ao meio ambiente ecologicamente equilibrado a direito humano fundamental [...]"[50].

A Declaração de Estocolmo das Nações Unidas sobre Meio Ambiente Humano, de 1972, é apontada por Ingo Sarlet[51] como o marco histórico-normativo inicial da proteção ambiental. O autor refere que esta Declaração atribui à qualidade de vida a característica de unidade elementar e imanente à uma vida humana digna, preconizando, de maneira inusitada no contexto do direito internacional, a existência de um direito humano a viver em um ambiente saudável e equilibrado.

Segundo Ingo Sarlet, a Constituição Federal de 1988 (art. 225 e art. 5º, §2º), "[...] seguindo a influência do direito constitucional comparado e do internacional, sedimentou e positivou ao longo do seu texto os alicerces normativos de um constitucionalismo ecológico"[52]. Assim, atribui-se ao direito ao meio ambiente a condição de direito fundamental. Para Sarlet, o artigo 225 da Constituição Federal "atribuiu à proteção ambiental [...] o *status* de direito fundamental do indivíduo e da coletividade [...]"[53]. Fiorillo, no mesmo sentido, considera a proteção à saúde do trabalhador um direito fundamental, com "respaldo dentre os princípios fundamentais da república federativa do Brasil, conforme preceitua o art. 1º, inciso III, da Constituição Federal, o princípio fundamental da dignidade da pessoa humana"[54].

O meio ambiente de trabalho, sem dúvida, determina o bem-estar do cidadão trabalhador, uma vez que para obter uma sadia qualidade de vida, o homem necessita conviver em um meio ambiente ecologicamente equilibrado. O que se busca com a preservação do meio ambiente de trabalho é a qualidade de vida desse cidadão enquanto ser humano que trabalha.

---

[49] MILARÉ, Édis; LOURDES, Flavia Tavares Rocha. Meio ambiente e os direitos da personalidade. *In:* MILARÉ, Édis; MACHADO, Paulo Affonso Leme (org.). **Direito ambiental:** fundamentos do Direito Ambiental. Coleção doutrinas essenciais. v. 1. São Paulo, 2011. p. 159.

[50] *Ibidem.*

[51] SARLET; FENSTERSEIFER, *op. cit.*, p. 38.

[52] SARLET; FENSTERSEIFER, *op. cit.*, p. 39-40.

[53] SARLET, Ingo Wolfgang (org.). **Estado socioambiental e direitos fundamentais**. Porto Alegre: Livraria do Advogado, 2010. p. 13-14.

[54] FIORILLO, Celso Antonio Pacheco. **Curso de Direito Ambiental brasileiro**. 4. ed. ampl. São Paulo: Saraiva, 2003. p. 264-265.

2.3 PRINCÍPIOS AMBIENTAIS PARA UM MEIO AMBIENTE DO TRABALHO SAUDÁVEL E A DIGITALIZAÇÃO

Ao dispor em seu artigo 225 que o meio ambiente é um bem de uso comum do povo, essencial à sadia qualidade de vida do ser humano, e que cabe a todos defendê-lo e preservá-lo, a Constituição Federal de 1988 concretiza a ideia de que é a vida o bem maior do ser humano, e que é por meio da conservação do meio ambiente que se protege esse bem.[55] Enquanto no Direito Ambiental o objeto é a relação homem-natureza, no Direito do Trabalho o foco está nas relações estabelecidas entre o trabalhador e o empregador/tomador do serviço. No Direito do Trabalho, é a vida do trabalhador o bem ambiental[56]. Explica-se: o Direito Ambiental regula a relação homem-natureza para proteger a natureza diretamente, e o homem indiretamente; no Direito do Trabalho, regulam-se as relações de trabalho para proteger a dignidade e a vida do trabalhador. A vida do trabalhador é o bem tutelado.

Garantir um ambiente de trabalho seguro e saudável afeta diretamente o trabalhador e indiretamente a sociedade. Os danos decorrentes da não conservação do ambiente de trabalho são pagos pela sociedade por meio da previdência social, e é devido a essa consequência que a proteção do meio ambiente de trabalho deve ser dividida entre diversos agentes. Para Melo, é obrigação do empregador, em primeiro lugar, preservar e proteger o meio ambiente de trabalho, cabendo ao Estado e à sociedade "fazer valer a incolumidade desse bem"[57], ou seja, é dever do Estado e da sociedade cobrar que não haja dano ao meio ambiente do trabalho.

2.3.1 Princípio do direito ao meio ambiente ecologicamente equilibrado

O direito ao meio ambiente equilibrado, para Machado, tem por objeto a "[...] conservação das propriedades e das funções naturais desse meio [...]"[58]. Ressalta-se que o equilíbrio ecológico não significa a proibição

---

[55] LANNER, Maíra Brecht. **Meio ambiente de trabalho:** trabalho marítimo e portuário. 2012. Trabalho de Conclusão de Curso (Especialização em Direito Ambiental) – Curso de Direito. Universidade Federal do Rio Grande do Sul, Porto Alegre, 2012.

[56] MELO, Raimundo Simão de. **Direito Ambiental do Trabalho e a saúde do trabalhador**: responsabilidades legais, dano material, dano moral, dano estético, indenização pela perda de uma chance, prescrição. 4. ed. São Paulo: LTr, 2010. p. 36.

[57] MELO, Raimundo Simão de. **Direito Ambiental do Trabalho e a saúde do trabalhador**: responsabilidades legais, dano material, dano moral, dano estético, indenização pela perda de uma chance, prescrição. 4. ed. São Paulo: LTr, 2010. p. 37.

[58] MACHADO, Paulo Affonso Leme. **Direito Ambiental brasileiro**. 22. ed. São Paulo: Malheiros, 2014. p. 61.

de alterar as características ambientais de determinados ecossistemas. Como explica o autor, "ter direito ao meio ambiente ecologicamente equilibrado equivale a afirmar que há um direito a que não se desequilibre significativamente o meio ambiente."[59]. Explica-se: desequilíbrio é aceitável, uma vez que toda intervenção tem impacto; o que se espera é a minimização do impacto. Há o direito de ter os impactos reduzidos ao mínimo possível, para que não se tenha um desequilíbrio significativo, ou seja, para que a relação não fique tão desbalanceada, logo o "custo" do impacto deve ser o menor possível.

Toda e qualquer atividade humana afeta o meio ambiente, em menor ou maior grau. Manter o equilíbrio ecológico se torna tarefa árdua, mas não impossível. Os aspectos ambientais devem ser observados nos processos de desenvolvimento da sociedade, e não apenas os aspectos econômicos. Conforme Paulo Affonso Leme Machado, "a harmonização dos interesses em jogo não pode ser feita ao preço da desvalorização do meio ambiente ou da desconsideração de fatores que possibilitam o equilíbrio ambiental."[60].

O desenvolvimento econômico e social deve acontecer de forma sustentável. Tal princípio se encontra implícito na Constituição Federal brasileira, uma vez que o *caput* do artigo 225 do referido diploma insere o "[...] dever de defender e preservar o meio ambiente para as presentes e futuras gerações [...]"[61].

Segundo Ignacy Sachs[62], existem oito dimensões de sustentabilidade que devem ser consideradas para que se atinja o ideal de desenvolvimento sustentável: social, cultural, ecológica, ambiental, territorial, econômica, política nacional e política internacional. A dimensão social se refere ao alcance de um patamar razoável de homogeneidade social, com distribuição de renda justa, emprego pleno e/ou autônomo com qualidade de vida decente e igualdade no acesso aos recursos e serviços sociais. A dimensão cultural diz respeito a mudanças no interior da continuidade (equilíbrio entre respeito à tradição e inovação), capacidade de autonomia para elaboração de um projeto nacional integrado e endógeno (em oposição às cópias servis dos modelos alienígenas) e autoconfiança, combinada com abertura para o mundo.[63]

---

[59] *Ibidem*, p. 62.
[60] MACHADO, Paulo Affonso Leme. **Direito Ambiental brasileiro**. 22. ed. São Paulo: Malheiros, 2014. p. 70.
[61] *Ibidem*, p. 86.
[62] SACHS, Ignacy. **Caminhos para o Desenvolvimento Sustentável**. Rio de Janeiro: Garamond, 2002. p. 70-72.
[63] *Ibidem*, p. 85-86.

Quanto à dimensão ecológico, está relacionada à preservação do potencial do capital natural na sua produção de recursos renováveis e à limitação do uso dos recursos não renováveis. Por sua vez, a dimensão ambiental trata de respeitar e realçar a capacidade de autodepuração dos ecossistemas naturais. A dimensão territorial se refere a configurações urbanas e rurais balanceadas (eliminação das inclinações urbanas nas alocações do investimento público), melhoria do ambiente urbano, superação das disparidades inter-regionais e estratégias de desenvolvimento ambientalmente seguras para áreas ecologicamente frágeis.[64]

A dimensão econômica diz respeito ao desenvolvimento econômico intersetorial equilibrado, com segurança alimentar, capacidade de modernização contínua dos instrumentos de produção, razoável nível de autonomia na pesquisa científica e tecnológica e inserção soberana na economia internacional. A dimensão política nacional trata da democracia definida em termos de apropriação universal dos direitos humanos, desenvolvimento da capacidade do Estado para implementar o projeto nacional, em parceria com todos os empreendedores e um nível razoável de coesão social. Já a dimensão política internacional é baseada na eficácia do sistema de prevenção de guerras da ONU, na garantia da paz e na promoção da cooperação internacional, Pacote Norte-Sul de codesenvolvimento, baseado no princípio da igualdade (regras do jogo e compartilhamento da responsabilidade de favorecimento do parceiro mais fraco), controle institucional efetivo do sistema internacional financeiro e de negócios, controle institucional efetivo da aplicação do Princípio da Precaução na gestão do meio ambiente e dos recursos naturais, prevenção das mudanças globais negativas, proteção da diversidade biológica (e cultural), gestão do patrimônio global, como herança comum da humanidade, sistema efetivo de cooperação científica e tecnológica internacional e eliminação parcial do caráter de comódite da ciência e tecnologia, também como propriedade da herança comum da humanidade.[65]

Estas oito dimensões da sustentabilidade, para que se atinja o desenvolvimento sustentável, demonstram a necessidade de planejamento local e participativo, envolvendo autoridades e a comunidade. Ao enfatizar estas dimensões da sustentabilidade, Sachs demonstra a importância de se valorizar as pessoas, seus costumes e saberes.

---

[64] SACHS, Ignacy. **Caminhos para o Desenvolvimento Sustentável**. Rio de Janeiro: Garamond, 2002. p. 86.
[65] *Ibidem*, p. 86-88.

2.3.2 Princípio da solidariedade com o futuro

O princípio da solidariedade com o futuro tem fundamento no *caput* do artigo 225 da Constituição Federal, que impõe ao Poder Público e à coletividade a obrigação de defender e preservar o meio ambiente para as gerações presentes e futuras[66]. O eixo conceitual do princípio é o dever de toda a coletividade – o que inclui o Estado – unir esforços para garantir que, no futuro, a sociedade poderá ter suas necessidades ambientais supridas.

Para Milaré, o princípio busca assegurar que as gerações futuras também possam usufruir, de forma sustentável, dos recursos naturais. "E assim sucessivamente, enquanto a família humana e o planeta Terra puderem coexistir pacificamente."[67]. Há nesse princípio o caráter de responsabilidade entre as gerações, ou seja, as gerações presentes são responsáveis por manter o equilíbrio ecológico, preservar a saúde ambiental. Esse princípio implica no desenvolvimento de tecnologias limpas, no não esgotamento dos recursos naturais, na conservação das paisagens de relevante interesse ambiental, e demais mecanismos que garantam o bem-estar ambiental a longo prazo.

O ser humano se define pela responsabilidade que assume em prol das gerações futuras. Os problemas ecológicos, as consequências da biotecnologia, dentre outros desafios, exigem que sejamos responsáveis diante do mundo, diante da biosfera. Essa responsabilidade se transforma em obrigação, sem exigência de reciprocidade. Explica-se: não podemos exigir a questão da reciprocidade, devemos fazer algo de forma solidária, sem exigir retorno dos outros.

Essa responsabilidade do ser humano para com o mundo no futuro é apresentada por Hans Jonas na forma de um imperativo, um dever-fazer: "aja de modo a que os efeitos da tua ação sejam compatíveis com a permanência de uma autêntica vida humana sobre a Terra"[68]. Ou também podemos apresentar esse imperativo na sua forma negativa: "aja de modo a que os efeitos de tua ação não sejam destrutivos para a possibilidade futura de uma tal vida"[69]. Esse imperativo também é uma espécie de procedimento, um dever-fazer em relação a como devemos agir; não nos diz o que fazer,

---

[66] STEIGLEDER, Annelise Monteiro. **Responsabilidade civil ambiental**: as dimensões do dano ambiental no direito brasileiro. 2. ed. Porto Alegre: Livraria do Advogado, 2011. p. 159-160.

[67] MILARÉ, Édis. **Direito do ambiente**: a gestão ambiental em foco: doutrina, jurisprudência, glossário. 5. ed. São Paulo: R. dos Tribunais, 2007. p. 763.

[68] JONAS, Hans. **O Princípio Responsabilidade**: ensaio de uma ética para uma civilização tecnológica. Rio de Janeiro: PUC RIO, 2006. p. 47.

[69] *Ibidem*, p. 47-48.

mas como agir. Segundo esse imperativo, nossos atos devem pressupor a tentativa de preservar a vida humana na Terra. Tem-se, na visão de Hans Jonas, o princípio da responsabilidade.

Conforme Waldman, Munhoz e Sampaio, o princípio da responsabilidade de Hans Jonas "[...] nasce a partir da necessidade de mudança no agir do ser humano em frente a uma nova realidade tecnológica [...]"[70]. Para os autores, o princípio da responsabilidade tem fundamento na reflexão sobre a conduta humana e, sobretudo, nas consequências que essa conduta pode trazer para a humanidade.[71]

Hans Jonas parte de uma concepção ética que tenta prever os possíveis desfechos para o planeta no futuro. E com isso constrói uma teoria da ética do futuro, questionando se haverá planeta no futuro para os nossos descendentes. Esse temor para com o futuro é denominado heurística do medo[72], uma previsão da desfiguração e da autodestruição do homem. Assumindo essa teoria do temor, do medo, nós – seres humanos – passamos a valorizar e defender aquilo que não defendíamos, como o meio ambiente.

Ética, para Hans Jonas, é responsabilidade com o planeta e com as gerações futuras. Deve-se refletir sobre a viabilidade das inovações científicas e tecnológicas e qual é o limite ético de seu uso. A constatação de Jonas é sobre os problemas gerados por essas inovações, traduzidos no imperativo que determina que as nossas ações tenham efeitos compatíveis com a permanecia da vida humana na Terra. Nossos atos devem ser pensados de forma coletiva, e ao falar da heurística do temor – que é esse sentimento de dúvida que deve orientar a ação humana –, Jonas apresenta uma espécie de distopia, pois se está falando do futuro e das consequências negativas da tecnologia neste mundo no futuro.

Para Waldman, Munhoz e Sampaio, Hans Jonas "[...] volta-se para um agir coletivo, sugerindo a solidariedade humana no sentido de um meio ambiente equilibrado"[73]. Ainda conforme os autores, deve-se relacionar a ética da responsabilidade de Hans Jonas ao princípio da precaução do Direito

---

[70] WALDMAN, Ricardo Libel; MUNHOZ, Marcelo Giovanni Vargas; SAMPAIO, Vanessa Bueno. O princípio da precaução e o princípio de responsabilidade de Hans Jonas. **Quaestio Iuris**, v. 10, n. 1, Rio de Janeiro, 2017, p. 199-218, p. 210.

[71] *Ibidem*.

[72] JONAS, *op. cit.*, p. 70-71.

[73] WALDMAN, Ricardo Libel; MUNHOZ, Marcelo Giovanni Vargas; SAMPAIO, Vanessa Bueno. O princípio da precaução e o princípio de responsabilidade de Hans Jonas. **Quaestio Iuris**, v. 10, n. 1, Rio de Janeiro, 2017, p. 199-218, p. 200.

Ambiental, em razão da incerteza quanto aos riscos de danos decorrentes da atividade humana, sobretudo frente ao contínuo desenvolvimento de tecnologias e as transformações por elas proporcionadas.

2.3.3 Princípios da precaução e da prevenção

Os princípios da precaução e da prevenção ingressam no ordenamento brasileiro por diversos instrumentos jurídicos, dentre eles: princípio 15 (Princípio da Precaução) da Declaração do Rio de Janeiro de 1992, incisos III a V do artigo 9º da Lei n. 6.938/81 e incisos IV e V do §1º do artigo 225 da Constituição Federal de 1988. Possuem como ponto em comum a tentativa de evitar o dano ambiental, minimizando a exposição ao risco.[74] A principal distinção apontada pela doutrina entre ambos está na certeza científica quanto ao risco de o dano ocorrer.

Para Machado, "[...] em caso de certeza do dano ambiental, este deve ser prevenido, como preconiza o princípio da prevenção"[75]. No caso de incerteza quanto ao dano, também é preciso agir com cautela. No mesmo sentido é o entendimento de Milaré[76], ao afirmar que o princípio da precaução deve ser invocado quando não houver certeza de que o nível de proteção adotado será suficiente para evitar possíveis efeitos negativos sobre o ambiente.

Steigleder conceitua o princípio da precaução como uma recomendação de "[...] ponderação das preocupações ambientais e cautela diante de perigos desconhecidos, mas prováveis [...]"[77], tendo como finalidade a minimização de possíveis impactos ao meio ambiente. Paulo de Bessa Antunes problematiza o princípio da precaução, apontando possíveis violações à legalidade com base no referido princípio. Explica o autor:

> A expressão normativa do princípio da precaução se materializa nas diversas normas que determinam a avaliação dos impactos ambientais os diferentes empreendimentos capazes de causar lesão ao meio ambiente, ainda que potencialmente. Não há qualquer previsão legal para uma aplicação genérica do princípio da precaução, sob o argumento de que os supe-

---

[74] STEIGLEDER, Annelise Monteiro. **Responsabilidade civil ambiental**: as dimensões do dano ambiental no direito brasileiro. 2. ed. Porto Alegre: Livraria do Advogado, 2011. p. 163.

[75] MACHADO, Paulo Affonso Leme. **Direito Ambiental brasileiro**. 22. ed. São Paulo: Malheiros, 2014. p. 105.

[76] MILARÉ, Édis. **Direito do ambiente**: a gestão ambiental em foco: doutrina, jurisprudência, glossário. 5. ed. São Paulo: R. dos Tribunais, 2007. p. 767.

[77] STEIGLEDER, *op. cit.*, p. 164.

riores interesses da proteção ambiental assim o exigem. De fato, é muito comum que, na ausência de norma específica para o exercício de uma determinada atividade, a administração pública se socorra de uma equivocada interpretação do princípio da precaução para criar obstáculos a tal atividade, violando os princípios constitucionais da dignidade da pessoa humana, da prevalência dos valores do trabalho e da livre iniciativa e frustrando os objetivos fundamentais da República [...].[78]

O princípio da precaução visa evitar o risco incerto e imprevisível, o que não significa impedir o desenvolvimento econômico. Conforme Machado[79], não é finalidade do princípio da precaução imobilizar as atividades humanas, e sim preservar a qualidade do ambiente. Afirma, ainda, que "[...] o princípio da precaução ajuda a controlar o aparentemente incontrolável [...]"[80].

O princípio da prevenção, por outro lado, pretende evitar ou minimizar o risco conhecido. Ressalta-se que a adoção de medidas de prevenção não elimina o dano, mas sim limita sua extensão aos padrões admitidos na legislação ambiental. Paulo de Bessa Antunes, a fim de diferenciar os princípios da prevenção e da precaução, afirma que o primeiro se aplica quando é possível "[...] estabelecer um conjunto de nexos de causalidade que seja suficiente para a identificação dos impactos futuros mais prováveis."[81].

A não adoção de medidas de precaução ou prevenção implica, necessariamente, em responsabilidade pelos danos causados, visto que são ferramentas importantes para minimizar os riscos de uma atividade. O princípio da prevenção preconiza a adoção de medidas preventivas aos riscos cientificamente comprovados, impedindo que estes venham a se tornar efetivos danos ao meio ambiente. Este preceito também está inserido no ambiente de trabalho, uma vez que é obrigação do empregador conceder aos trabalhadores equipamentos de proteção capazes de elidir, ou amenizar, os riscos a que estes estão expostos em razão da atividade ou do local de trabalho, consoante preconiza o artigo 166 da CLT.[82]

---

[78] ANTUNES, Paulo de Bessa. **Direito Ambiental**. 16. ed. São Paulo: Atlas, 2014. p. 39.

[79] MACHADO, Paulo Affonso Leme. **Direito Ambiental brasileiro**. 22. ed. São Paulo: Malheiros, 2014. p. 96.

[80] *Ibidem*, p. 117.

[81] ANTUNES, Paulo de Bessa. **Direito Ambiental**. 16. ed. São Paulo: Atlas, 2014. p. 48.

[82] É a redação do artigo 166 da CLT: A empresa é obrigada a fornecer aos empregados, gratuitamente, equipamento de proteção individual adequado ao risco e em perfeito estado de conservação e funcionamento, sempre que as medidas de ordem geral não ofereçam completa proteção contra os riscos de acidentes e danos à saúde dos empregados.

Já nas hipóteses de incerteza científica do risco, utiliza-se o princípio da precaução, o qual, igualmente, encontra aplicação no ambiente de trabalho. Explica-se: somente são consideradas insalubres ou periculosas as atividades, ou os agentes, definidos pelo Ministério do Trabalho, constando tais atividades e agentes nas Normas Regulamentadoras. Nesse viés, citando exemplificativamente, a Súmula n. 448 do Tribunal Superior do Trabalho dispõe que:

> ATIVIDADE INSALUBRE. CARACTERIZAÇÃO. PREVISÃO NA NORMA REGULAMENTADORA N° 15 DA PORTARIA DO MINISTÉRIO DO TRABALHO N° 3.214/78. INSTALAÇÕES SANITÁRIAS. (Conversão da Orientação Jurisprudencial n° 4 da SBDI-1 com nova redação do item II) – Res. 194/2014, DEJT divulgado em 21, 22 e 23.05.2014. I - Não basta a constatação da insalubridade por meio de laudo pericial para que o empregado tenha direito ao respectivo adicional, sendo necessária a classificação da atividade insalubre na relação oficial. [...].[83]

Da leitura da supracitada súmula, depreende-se que, ainda que a presença de condições insalubres ao trabalhador seja constata por profissional técnico, o empregador poderia permanecer inerte nas ocasiões em que inexistir previsão nas normas regulamentadoras de competência do Ministério do Trabalho. É nesse contexto que impera a aplicação do princípio da precaução, devendo o empregador conceder aos trabalhadores, mesmo na ausência de lei, equipamentos que elidam os riscos. Tal afirmação se justifica no fato de que as medidas garantidoras de um meio ambiente de trabalho saudável não podem ser limitadas à atuação do Ministério do Trabalho. Não pode o empregador restar inerte diante da probabilidade de alguma agressão ao meio ambiente laboral tão somente em razão da inexistência de norma regulamentando o assunto.

É o caso dos riscos atrelados ao meio ambiente de trabalho digital.[84] Justifica-se a asseveração acima pelo fato de não ser possível o desenvolvimento da sociedade, tanto pelo aspecto sociológico quanto pelo tecnológico, sem a exposição do trabalhador a certos riscos inerentes a determinadas profissões essenciais ao bom andamento do âmbito social.[85] Diante da dico-

---

[83] BRASIL. Tribunal Superior do Trabalho. Súmula n. 448. Disponível em: http://www3.tst.jus.br/jurisprudencia/Sumulas_com_indice/Sumulas_Ind_401_450.html#SUM-448. Acesso em: 1 jul. 2018.

[84] MELO, Sandro Nahmias; RODRIGUES, Karen Rosendo de Almeida Leite. **Direito à desconexão do trabalho**: com análise crítica da Reforma Trabalhista: (Lei n. 13.467/2017). São Paulo: LTr, 2018. p. 49.

[85] MELO, Sandro Nahmias. **Meio ambiente do trabalho**: direito fundamental. São Paulo: LTr, 2001. p. 78.

tomia que se apresenta na própria Constituição Federal – salvaguardar os direitos fundamentais e garantir o crescimento econômico –, a solução que se demonstra plausível é a ponderação de princípios, de modo que ambos os aspectos sejam observados[86].

2.3.4 Princípio do poluidor-pagador

O Princípio do poluidor-pagador é expresso no antigo 16 da Declaração do Rio de Janeiro de 1992, e foi incorporado ao direito brasileiro pelo artigo 4º inciso VII da Lei n. 6.938/81. Ao contrário do que parece, o princípio do poluidor-pagador não é uma autorização para poluir, como bem argumenta Milaré:

> [...] o pagamento pelo lançamento de efluentes, por exemplo, não alforria condutas inconsequentes, de modo a ensejar o descarte de resíduos fora dos padrões e das normas ambientais. A cobrança só pode ser efetuada sobre o que tenha respaldado na lei, pena de se admitir o direito de poluir. Trata-se do princípio *poluidor-pagador* (poluiu, pagou os danos), e não pagador-poluidor (pagou, então pode poluir). Esta colocação gramatical não deixa margem a equívocos ou ambiguidades na interpretação do princípio.[87]

O pagamento a que se refere o princípio é a internalização dos custos econômicos da prevenção do dano, ou seja, quem desenvolve atividade que possa prejudicar a qualidade ambiental deve suportar os custos da implementação de medidas que visem a assegurar a não poluição e/ou a não escassez dos recursos ambientais utilizados. Nesse sentido, Machado afirma que "o poluidor que usa gratuitamente o meio ambiente para nele

---

[86] Os recentes desastres causados por rompimentos de sistemas de contenção de minérios levaram a Agência Nacional de Mineração (ANM) a rever seu posicionamento quanto à metodologia de construção de barragens. As barragens a montante (modelos que romperam em Mariana e Brumadinho) têm menor custo de construção, mas sua segurança foi questionada. A ANM anunciou estar elaborando resolução para proibir barragens a montante definitivamente, e desativar as existentes, além de retirar todas as instalações de ocupação humana que existam nas Zona de Autossalvamento (locais em que, no caso de acidente, não haveria tempo suficiente para as autoridades prestarem socorro). As tragédias ocorridas revelam que as barragens a montante já não são seguras como se pensava, sua proibição revela a preocupação com a salvaguarda da sociedade (AGÊNCIA NACIONAL DE MINERAÇÃO. **Nota explicativa** - 15/02/2019: segurança de barragens focada nas barragens construídas ou alteadas pelo método a montante, além de outras especificidades referentes. Disponível em: https://www.gov.br/anm/pt-br/assuntos/noticias/2019/nota-explicativa-sobre-tema-de-seguranca-de-barragens-focado-nas-barragens-construidas-ou-alteadas-pelo-metodo-a-montante-alem-de-outras-especificidades-referentes . Acesso em: 20 mar. 2019).

[87] MILARÉ, Édis. **Direito do ambiente**: a gestão ambiental em foco: doutrina, jurisprudência, glossário. 5. ed. São Paulo: R. dos Tribunais, 2007. p. 771.

lançar os poluentes invade a propriedade pessoal de todos os outros que não poluem, confiscando o direito de propriedade alheia."[88]. Dessa feita, deve o poluidor arcar com os custos da degradação ambiental, internalizando os custos da prevenção aos danos em seu processo produtivo. Da mesma forma, pensa Milaré:

> [...] este princípio [...] se inspira na teoria econômica de que os custos sociais externos que acompanham o processo produtivo (v.g., o custo resultante dos danos ambientais) precisam ser internalizados, vale dizer, que os agentes econômicos devem levá-los em conta ao elaborar os custos de produção e, consequentemente, assumi-los. Busca-se, no caso, imputar ao poluidor o custo social da poluição por ele gerada, engendrando um mecanismo de responsabilidade por dano ecológico, abrangente dos efeitos da poluição não somente sobre bens e pessoas, mas sobre toda a natureza.[89]

O princípio do poluidor-pagador, para Paulo de Bessa Antunes, é um dos instrumentos mais importantes para a proteção do meio ambiente, pois tem reflexos diretos nas práticas econômicas, conforme explica:

> O reconhecimento de que o mercado nem sempre age tão livremente como supõe a teoria econômica, principalmente pela ampla utilização de subsídios ambientais, a saber, por práticas econômicas que são utilizadas em detrimento da qualidade ambiental e que diminuem artificialmente preços de produtos e serviços, fez com que se estabelecesse o chamado Princípio do Poluidor Pagador, [...]. O PPP parte da constatação de que os recursos ambientais são escassos e que seu uso na produção e no consumo acarretam a sua redução e degradação. Ora, se o custo da redução dos recursos naturais não for considerado no sistema de preços, o mercado não será capaz de refletir a escassez. Assim sendo, são necessárias políticas públicas capazes de eliminar a falha de mercado, de forma a assegurar que os preços dos produtos reflitam os custos ambientais.[90]

O princípio do poluidor-pagador, portanto, busca atribuir os custos da degradação ambiental àquele que é o responsável pelo dano, ou risco de dano, afastando da coletividade esse ônus econômico.[91] No âmbito do

---

[88] MACHADO, Paulo Affonso Leme. **Direito Ambiental brasileiro**. 22. ed. São Paulo: Malheiros, 2014. p. 91.
[89] MILARÉ, Édis. **Direito do ambiente**: a gestão ambiental em foco: doutrina, jurisprudência, glossário. 5. ed. São Paulo: R. dos Tribunais, 2007. p. 770-771.
[90] ANTUNES, Paulo de Bessa. **Direito Ambiental**. 16. ed. São Paulo: Atlas, 2014. p. 52-53.
[91] *Ibidem*, p. 53.

Direito do Trabalho, é na inércia do empregador, ou na impossibilidade de adoção de medida eficaz de prevenção e precaução à ocorrência do dano, que o princípio do poluidor-pagador encontra respaldo. Neste raciocínio, parece acertado asseverar que deve o empregador adotar medidas preventivas e acautelatórias no intuito de evitar a ocorrência de dano à saúde e ao próprio meio ambiente do trabalhador. Não assim agindo, quer por liberalidade, quer por impossibilidade, o empregador deverá arcar com os prejuízos resultantes de sua atuação, ou omissão: a degradação do meio ambiente de trabalho. Entender de modo diverso parece ir de encontro ao direito fundamental da dignidade da pessoa humana, ou seja, impedir o usufruto de um ambiente de trabalho saudável, caracterizando retrocesso de um direito garantidor de um mínimo existencial. Logo, tendo o empregador exposto o seu empregado a condições insalubres e periculosas, é seu dever suportar os custos advindos de sua conduta.

Para a efetividade do ideal de trabalho decente, as condições mínimas de proteção à saúde, segurança e bem-estar do trabalhador devem ser observadas. A forma para a concretização e efetivação da dignidade do trabalhador é a valoração do meio ambiente do trabalho – ancorada nos princípios ambientais–, pois o meio ambiente do trabalho sadio e equilibrado é um direito fundamental do trabalhador.

3

DIGITALIZAÇÃO DO MEIO AMBIENTE DE TRABALHO: A ATIVIDADE LABORAL E AS PLATAFORMAS DIGITAIS

As facilidades proporcionadas pelo uso das tecnologias para o trabalho são evidentes, porém nem todos os efeitos são positivos. Delgue[92] cita alguns impactos negativos, como a exigência de produtividade e o prolongamento de horário, consequências da possibilidade de conexão instantânea e disponibilidade ininterrupta do trabalhador. Ainda, o emprego das tecnologias pode abrir caminho para a informalidade, visto a incerteza sobre a classificação dessa nova massa de trabalhadores de plataforma em relação ao trabalho subordinado ou autônomo.

Rifkin[93] aponta outra consequência que parece estar ocorrendo em razão do emprego das tecnologias: a desvinculação entre produtividade e emprego. Na opinião do autor, o aumento da produtividade está representando a eliminação (parcial) do emprego, trata-se da terceira revolução industrial, cuja consequência possível é o fim da mão de obra em massa assalariada no setor de manufatura e serviços, e o fim do trabalho profissional especializado em grande parte das áreas do conhecimento:

> Automação, robótica e inteligência artificial estão eliminando o trabalho humano rapidamente tanto no setor de serviços quanto no de manufatura e logística. Secretárias, arquivistas, telefonistas, agentes de viagens, caixas de banco e inúmeras outras atividades tendem a desaparecer à medida que a automação leva o custo marginal de mão de obra para próximo de zero.[94]

---

[92] DELGUE, Juan Raso. América Latina: El impacto de las tecnologías en el empleo y las reformas laborales. *In*: BERMÚDEZ, Gabriela Mendizábal (coord.). **Revista Internacional y Comparada de Relaciones Laborales y Derecho del Empleo**, Modena (Itália), v. 6, n. 1, p. 6-37, jan./mar. 2018. Disponível em: http://adapt.it/wp/wp-content/uploads/2018/03/revista_n1_2018_def.pdf. Acesso em: 8 out. 2018.

[93] RIFKIN, Jeremy. **Sociedade com custo marginal zero**. São Paulo: M. Books do Brasil Editora, 2016. p. 159.

[94] *Ibidem*, p. 153.

Já para autores como Oliveira Neto[95], Schwab[96] e Navarrete[97] (e o Governo Federal brasileiro[98]), tecnologias como inteligência artificial e internet das coisas representam a quarta revolução industrial, conforme ilustração abaixo também conhecida como indústria 4.0.

A indústria 4.0 é o cenário da chamada *gig economy*, em que de um lado temos trabalhadores e, de outro, empresas que contratam estes trabalhadores para atividades pontuais, a exemplo da empresa Uber. A *gig economy* abrange duas formas principais de trabalho: *crowdwork* e o trabalho sob demanda via aplicativos.[99] O *crowdwork* é o trabalho prestado mediante intermediação da mão de obra *online*, refere-se à fragmentação da prestação de serviços em diferentes atividades, cada qual realizada por um trabalhador diferente.[100] Dessa forma, a conclusão do serviço depende de uma série de tarefas desenvolvidas por diferentes profissionais, não necessariamente oriundos da mesma empresa. Ocorre a descentralização produtiva, conforme Signes:

> [...] essas novas empresas de base tecnológica, em princípio, limitam-se a pôr em contato o cliente – solicitante de uma prestação de serviços – com a pessoa que realiza a atividade – o trabalhador ou autônomo. Tal nível de descentralização produtiva não havia sido possível até o desenvolvimento da tecnologia atual. As empresas dedicam seu negócio à criação de uma plataforma virtual (página de internet, aplicativos, etc.) em que clientes podem localizar diretamente uma pessoa individual que realize a prestação de serviço demandada.[101] (tradução nossa).

---

[95] OLIVEIRA NETO, Célio Pereira. **Trabalho em ambiente virtual**: causas, efeitos e conformação. São Paulo: LTr, 2018. p. 27.

[96] SCHWAB, Klaus. **A Quarta Revolução Industrial**. Tradução: Daniel Moreira Miranda. São Paulo: Edipro, 2016. p. 10-11.

[97] NAVARRETE, Cristóbal Molina. "Esencia" y "existencia" de las relaciones de trabajo y de su derecho en la "era digital": ¿y si el "futuro" estuviera en "lo clásico"? Al maestro J. Vida Soria, in memoriam. **Revista de Trabajo y Seguridad Social**. CEF, 432, mar. 2019, p. 5-27, p. 5. Disponível em: https://www.laboral-social.com/sites/laboral-social.com/files/1-Editorial_MolinaNavarrete_mar2019_c.pdf. Acesso em: 20 mar. 2019.

[98] MINISTÉRIO DA INDÚSTRIA, COMÉRCIO E SERVIÇOS. **Agenda Brasileira para a Indústria 4.0**. Disponível em: http://www.industria40.gov.br/. Acesso em: 20 dez. 2018.

[99] STEFANO, Valerio de. **The rise of the "just-in-time workforce"**: on-demand work, crowdwork and labour protection in the "gig-economy". Geneva: ILO, 2016, p. 1. Disponível em: http://www.ilo.org/wcmsp5/groups/public/---ed_protect/---protrav/---travail/documents/publication/wcms_443267.pdf . Acesso em: 25 out. 2018.

[100] ZIPPERER, André Gonçalves; VILLATORE, Marco Antônio Cesar. Lei 13.467/2017 (denominada de reforma trabalhista), o teletrabalho e a prestação de serviço através da intermediação de mão de obra a partir de plataformas eletrônicas (cowdworking). In: STÜRMER, Gilberto; DORNELES, Leandro Amaral Dorneles de (coord.). **Reforma trabalhista na visão acadêmica**. Porto Alegre: Verbo Jurídico, 2018. p. 137.

[101] "[...] estas nuevas empresas de base tecnológica, en principio, se limitan a poner en contacto al cliente – solicitante de una prestación de servicios– con la persona que realiza finalmente la prestación –el trabajador o autónomo–. Tal nivel de descentralización productiva no había sido posible hasta el desarrollo de la tecnología

No *crowdworking*, por meio de plataformas da internet, as empresas oferecem trabalho (*crowdsourcing*), que podem ser assumidos por membros registrados da plataforma, os *crowdworkers*. Pode tratar-se de microtarefas, como produção de texto ou categorização de dados, mas também de tarefas de vulto, como programação. As empresas não necessitam mais de trabalhadores fixos, então buscam na rede social soluções a baixo custo, como os *crowdworkers*, que podem trabalhar como quiserem, em qualquer lugar e a qualquer hora.[102]

Conceituado o *crowdworking*, há se se estabelecer a diferenciação com o teletrabalho. Conforme ressaltam Zipperer e Villatore,

> [No] teletrabalho, por definição, o contrato entre contratante e contratado se dá de forma direta, seja mediante subordinação ou não, naquele [*crowdworking*] há a intermediação de uma plataforma *on line* que permite inclusive, que ambos sequer deixem de ser identificados ou tenham contato direto (no caso do *crowdworking on line*).[103]

Já o trabalho sob demanda via plataformas canaliza a prestação de serviços por meio de aplicativos gerenciados por empresas, as quais intervêm nos padrões de qualidade de serviço e na seleção e gestão da força de trabalho.[104] É o exemplo de aplicativos que oferecem serviço de transporte (como Uber[105] e Cabify[106]), limpeza (como a Parafuzo[107]) e entregas (como a

---

actual. Las empresas dedican su negocio a la creación de una plataforma virtual (página web, apps, etc.) donde los clientes pueden localizar directamente a una persona individual que realice la prestación de servicios demandada." (SIGNES, Adrián Todolí. El impacto de la "uber economy" en las relaciones laborales: los efectos de las plataformas virtuales en el contrato de trabajo. **IUSlabor**, n. 3, 2015, p. 3-4).

[102] Um exemplo de *crowdworking* no Brasil é o Crowdrio, uma iniciativa da Telefonica OpenFuture e do Parque Tecnológico da UFRJ que visa estimular o desenvolvimento de novos negócios de base tecnológica, oferecendo suporte para que ideias virem empreendimentos por meio da cooperação e inovação conjunta. (Edital do programa: http://www.parque.ufrj.br/wp-content/uploads/2018/10/Chamada-n_01.2018_-Programa-CrowdRio_24.05.18.pdf).

[103] ZIPPERER, André Gonçalves; VILLATORE, Marco Antônio Cesar. Lei 13.467/2017 (denominada de reforma trabalhista), o teletrabalho e a prestação de serviço através da intermediação de mão de obra a partir de plataformas eletrônicas (cowdworking). In: STÜRMER, Gilberto; DORNELES, Leandro Amaral Dorneles de (coord.). **Reforma trabalhista na visão acadêmica**. Porto Alegre: Verbo Jurídico, 2018. p. 137.

[104] STEFANO, Valerio de. **The rise of the "just-in-time workforce"**: on-demand work, crowdwork and labour protection in the "gig-economy". Geneva: ILO, 2016, p. 3. Disponível em: http://www.ilo.org/wcmsp5/groups/public/---ed_protect/---protrav/---travail/documents/publication/wcms_443267.pdf . Acesso em: 25 out. 2018.

[105] Para mais informações sobre a plataforma Uber, acesse: https://www.uber.com/br/pt-br/.

[106] Para mais informações sobre a plataforma Cabify, acesse: https://cabify.com/pt-BR.

[107] A Parafuzo disponibiliza, por meio de seu sítio na internet ou aplicativo para smartphones, um canal de intermediação para contratação de serviços de manutenção e reforma de espaços residenciais e comerciais, incluindo serviços de limpeza, pintura, elétrica e hidráulica, prestados por terceiros inscritos no banco de credenciados da plataforma. Para mais informações sobre a plataforma, acesse: https://parafuzo.com/termos-de-uso.

iFood[108]). Diante dessa nova realidade, o Direito deve buscar entendimentos e soluções coerentes com a inovação e, acima de tudo, garantidoras da dignidade do ser humano imerso nesse contexto.

Conforme parecer do Comitê Econômico e Social Europeu sobre os efeitos da digitalização no setor dos serviços e no emprego no âmbito das mutações industriais,

> A digitalização é, sem dúvida, uma das evoluções mais dinâmicas do nosso tempo, na qual as oportunidades e riscos se entrelaçam estreitamente. [...] Até à data, não se conhecem completamente os efeitos que esta evolução tem no emprego, nem é possível prevê-los com precisão. Por conseguinte, têm aumentado os receios quanto à diminuição das taxas de emprego, ao mesmo tempo que continua a haver uma inadequação das competências nos mercados de trabalho da UE. Nesta situação, é essencial que haja uma colaboração construtiva e uma maior sensibilização dos principais intervenientes, ou seja, os governos e os parceiros sociais.[109]

A digitalização do meio ambiente de trabalho com o uso das novas tecnologias tem efeitos positivos na vida do trabalhador, como permitir horários de trabalho flexíveis. Algumas atividades que exigiam esforço físico agora são realizadas por máquinas, o que para Delgue representa maior inclusão da mulher no mercado de trabalho:

> Uma consequência implícita [do impacto das tecnologias no mundo do trabalho] é a abertura a uma maior participação da mulher no mercado de trabalho de qualidade, ao requerer-se cada vez menos esforço físico e mais competências cognitivas.[110] (tradução nossa).

---

[108] A iFood é uma plataforma que conecta restaurantes, clientes e entregadores. O usuário seleciona um restaurante e faz seu pedido. O restaurante recebe o pedido e prepara a refeição. O trabalhador digital, nesse caso o entregador, recebe o aviso para transportar a refeição do restaurante até o cliente usuário do aplicativo. Para mais informações sobre a plataforma iFood, acesse: https://www.ifood.delivery/br/sobre.

[109] COMITÉ ECONÔMICO E SOCIAL EUROPEU. Efeitos da digitalização no setor dos serviços e no emprego no âmbito das mutações industriais (parecer exploratório). **Jornal Oficial da União Europeia**, C 13, 15, p. 1, jan. 2016. Disponível em: https://eur-lex.europa.eu/legal-content/PT/ALL/?uri=CELEX:52015AE0765. Acesso em: 20 dez. 2018.

[110] "Una consecuencia implícita es la abertura a una mayor participación de la mujer en el mercado de trabajo de calidad, al requerirse cada vez menos esfuerzo físico y más competencias cognitivas." (DELGUE, Juan Raso. América Latina: El impacto de las tecnologías en el empleo y las reformas laborales. *In*: BERMÚDEZ, Gabriela Mendizábal (coord.). **Revista Internacional y Comparada de Relaciones Laborales y Derecho del Empleo**, Modena (Itália), v. 6, n. 1, p. 14, jan./mar. 2018. Disponível em: http://adapt.it/wp/wp-content/uploads/2018/03/revista_n1_2018_def.pdf. Acesso em: 8 jul. 2018).

As ferramentas de comunicação à distância permitem, inclusive, a prestação de serviços de forma não presencial, como o teletrabalho, em que

> [...] o escritório tradicional cede espaço ao escritório virtual, e ao trabalhador propicia-se a ampla oportunidade de trabalhar em qualquer parte do mundo, por meio da utilização de equipamentos para conexão a longa distância bem como seus acessórios: scanner, celular, câmara digital, pagers, PDAs, telefone via satélite, notebook, palmtops, etc., que atuam sob o fluxo da mobilidade [...].[111]

A digitalização promete impulsionar a produtividade podendo gerar um "dividendo da digitalização", mas também pode provocar a redução de oportunidades para trabalhadores com menor qualificação – ou mesmo a dispensa em razão da substituição da mão de obra por soluções tecnológicas, como robôs e inteligência artificial –, o que implica no aumento do desemprego e um aumento ainda maior da desigualdade social.

3.1 A EMPRESA DIGITAL

O *coworking*, definido como trabalho realizado em escritório compartilhado[112], "permite que o trabalhador aumente seu círculo de amizades e seus contatos profissionais e se inclua socialmente".[113] Segundo Teodoro, "[...] o prazer do convívio com outras pessoas no local de trabalho é tão inegável que, atualmente, alguns têm se valido de espaços compartilhados (espaços de *coworking*) para fugir do isolamento provocado pelo trabalho à distância"[114]. Já a *startup* pode ser definida como "um grupo de pessoas em busca de modelo de negócios repetível e escalável, trabalhando em condições de extrema incerteza"[115].

Essa nova configuração empresarial extremamente fragmentada, em que as informações são compartilhadas a distância com um grande público e a um custo bastante baixo é possível graças às tecnologias digitais. Já

---

[111] BELMONTE, Alexandre Agra. **O monitoramento da correspondência eletrônica nas relações de trabalho**. 2. ed. São Paulo: LTr, 2014. p. 20.

[112] GUNTHER, Luiz Eduardo; ALVARENGA, Rúbia Zanotelli de (coord.); BUSNARDO, Juliana Cristina; BACELLAR, Regina Maria Bueno (org.). **Direitos humanos e meio ambiente do trabalho**. São Paulo: LTr, 2016. p. 129.

[113] TEODORO, Maria Cecília Máximo (coord.). **Direito material e processual do trabalho**. São Paulo: LTr, 2015. p. 120.

[114] *Ibidem*.

[115] CUNHA, Leonardo Stocker Pereira da. **Empresas embrionárias (startups) e as modificações das relações de emprego e societárias**. 2017. Dissertação (Mestrado em Direito) – Curso de Direito, Universidade Federal do Rio Grande do Sul, Porto Alegre, 2017, p. 41.

não é mais necessária uma estrutura empresarial rígida, com localização geográfica precisa, corpo funcional estático e hierarquizado. As empresas evoluíram para um modelo mais flexível, com impacto inclusive na contratação dos trabalhadores.

Dados de 2016 do Comitê Econômico e Social Europeu[116] registram um aumento considerável do trabalho por conta própria, sobretudo em setores de serviços baseados em Tecnologia da Informação e da Comunicação (TIC), nos meios de comunicação e nos serviços administrativos e de apoio. O Comitê prevê que práticas de terceirização, como o *crowdsourcing*, impliquem no crescimento do trabalho por conta própria, especialmente devido à concorrência por oportunidades de trabalho em plataformas digitais e à valorização que os trabalhadores dão para a flexibilidade proporcionada por estas condições de trabalho.

Com o aumento da competição global entre os candidatos a emprego nas plataformas de *crowdworking*, o Comitê Econômico e Social Europeu[117] teme que haja um incremento no número de ofertas de trabalho provenientes de regiões caracterizadas por baixos níveis de proteção social. O trabalho realizado no modelo da *gig economy* revela especial fragilidade nesse contesto, visto que a relação laboral estabelecida entre as partes envolvidas ainda não é clara. A exemplo dos motoristas de aplicativo, não se sabe se o condutor de um veículo privado – que pode ser alugado via plataforma digital – é um trabalhador por conta própria ou um trabalhador por conta de outrem. Sendo a segunda hipótese, questiona-se se é por conta do passageiro ou da plataforma, e a resposta ainda não é clara. Diante dessa situação, tem-se um desafio jurídico: a pessoa não pode ser enquadrada em nenhuma das categorias jurídicas de trabalhador existentes, nem a ela são aplicáveis os acordos coletivos das categorias de trabalho. É preciso desenvolver estratégias para adaptar o âmbito de aplicação da legislação laboral de modo a refletir as condições de um mundo do trabalho digital. De forma a inibir práticas de trabalho degradantes, é imperativo que os governos locais, em diálogo com a sociedade, construam soluções adequadas para garantir condições de trabalho justo e inclusivo para os trabalhadores e trabalhadoras nesse contexto de digitalização.

---

[116] COMITÉ ECONÓMICO E SOCIAL EUROPEU. Efeitos da digitalização no setor dos serviços e no emprego no âmbito das mutações industriais (parecer exploratório). **Jornal Oficial da União Europeia**, C 13, p. 166, 15 jan. 2016. Disponível em: https://eur-lex.europa.eu/legal-content/PT/ALL/?uri=CELEX:52015AE0765. Acesso em: 20 dez. 2018.

[117] *Ibidem*.

3.2 A DIGITALIZAÇÃO DO TRABALHO

Atualmente, com a utilização crescente da internet em qualquer tipo de trabalho, temos uma contínua digitalização do mundo laboral. Qualquer trabalhador confirma suas dúvidas e experiências na rede mundial de computadores. Compartilha informações. Revela aspectos diários do seu trabalho. Até mesmo trabalhos predominantemente manuais se digitalizam, por exemplo, o trabalho do motorista (Uber, Cabify, dentre outras plataformas), da doméstica (Parafuzo) e do entregador (iFood).

O armazenamento, processamento e transmissão de informações têm como condição necessária a digitalização. Um software de correção ortográfica, por mais avançado que seja, não consegue verificar um texto no papel. É preciso que essa informação seja codificada para ser compatível com a tecnologia, ou seja, é preciso digitalizar o texto. A digitalização, portanto, é mero fenômeno de codificação, em que a informação em meio físico não eletrônico é transcrita em linguagem digital. A digitalização é a realocação da informação, cuja existência depende do meio eletrônico.

Já a virtualização vai além da digitalização. A virtualização é o tratamento da informação digitalizada, é o pensar e agir dentro de um universo digital em conjunto com as tecnologias. O virtual é o oposto do real; o virtual é o oposto do mundo físico. Entende-se a virtualização como um modificador da relação laboral, uma vez que viabiliza prestar serviço de forma telemática, permite a desterritorialização[118], ignora o fator tempo e põe o humano em contato com a máquina[119]: as equipes de trabalho podem ser reunidas independentemente do local em que se encontrem, de maneira instantânea, com acesso a toda informação necessária, interagindo com a tecnologia. Nesse sentido, a digitalização é a conexão com o sistema informatizado, enquanto a virtualização é a conexão com o mundo tecnológico. Feita esta diferenciação, destaca-se que na doutrina os termos são usados como sinônimos. Dessa forma, optou-se nesta obra por adotar os termos "digital/digitalização", mais amplamente utilizados pelos autores consultados.

---

[118] Sobre a desterritorialização, destaca-se o conceito de Lévy: "Quando uma pessoa, uma coletividade, um ato, uma informação se virtualizam, eles se tornam 'não-presente', se desterritorializam." (LÉVY, Pierre. **O que é virtual**? Tradução: Paulo Neves. São Paulo: Ed. 34, 1996. p. 21).

[119] MELO, Sandro Nahmias; RODRIGUES, Karen Rosendo de Almeida Leite. **Direito à desconexão do trabalho**: com análise crítica da reforma trabalhista: (Lei n. 13.467/2017). São Paulo: LTr, 2018. p. 67.

Exemplifica-se o raciocínio desenvolvido com o exemplo das criptomoedas, como a Bitcoin[120]. Em um passado não tão distante, as transações financeiras eram realizas com o uso de dinheiro em espécie. Com o avanço tecnológico, houve a digitalização dessas transações, vinculadas a um crédito lastreado e escasso, e passou-se a utilizar meios magnéticos, como os cartões de crédito e transferências eletrônicas (a exemplo da Transferência Eletrônica Disponível – TED e do Documento de Ordem de Crédito – DOC). Nesse momento, a digitalização é apenas da informação, o montante financeiro é traduzido para linguagem digital. As criptomoedas são um passo além, elas representam dinheiro puramente eletrônico, pois se trata de uma moeda concebida para funcionar dentro do ambiente digital por meio de regras de comunicação entre computadores. Não há "tradução da informação" para a linguagem digital, a informação foi concebida no meio ambiente digital. A criptomoeda só existe virtualmente.

E como seria o raciocínio da Bitcoin aplicado à relação laboral? Talvez um bom exemplo seja o uso dos *smart contracts*, em que as disposições contratuais são autoaplicadas[121]. Explica-se: em uma relação laboral "comum", ao final do expediente o trabalhador desliga seu computador, registra o encerramento da jornada no cartão ponto e vai para casa. Com o *smart contract*, a cláusula que diz respeito à jornada é aplicada automaticamente: quando a jornada chegar ao limite contratual, o sistema bloqueia o acesso do trabalhador, forçando o final do expediente.

Os *smart contracts*, ou "contratos inteligentes", são contratos capazes de serem executados ou de se fazerem cumprir por si só. As cláusulas contratuais têm "efeitos colaterais" autoaplicáveis, estão programadas para surtir determinados efeitos atrelados a regras estritas e consequências da mesma forma que um documento legal tradicional. O *smart contract* estabelece as

---

[120] Bitcoin é uma das moedas virtuais que utilizam a tecnologia do blockchain. O blockchain, ou cadeia de blocos, é como um livro virtual de registros, acessado por vários participantes na modalidade peer-to-peer, em que todos os participantes se comunicam entre si, dispensando a presença de qualquer entidade centralizadora dos serviços. Essa tecnologia está revolucionando a forma como se fazem contratos, pois dá maior segurança aos registros e à forma de contabilidade de transações, uma vez que todos os usuários visualizam os termos desse "supercontrato compartilhado", o que vem sendo destacado como uma proteção contra fraudes e violações (FERNANDES, Ricardo Vieira de Carvalho; CARVALHO, Angelo Gamba Prata de (coord.). **Tecnologia jurídica & direito digital:** II Congresso Internacional de Direito, Governo e Tecnologia – 2018. Belo Horizonte: Fórum, 2018, p. 19).

[121] JESUS, Agnes Macedo de; IGLESIAS, Rodrigo Rabello. Smart contracts: topics under brazilian law. *In:* FERNANDES, Ricardo Vieira de Carvalho; COSTA, Henrique Araújo; CARVALHO Angelo Gamba Prata de (coord.). **Tecnologia jurídica e direito digital:** I Congresso Internacional de Direito e Tecnologia – 2017. Belo Horizonte: Fórum, 2018, p. 395.

obrigações, benefícios e penalidades a qualquer das partes, com aplicação automática a partir da coleta de informações como: produtividade, atingimento de metas, jornada de trabalho, dentre outas.

O trabalhador da era digital possui maior liberdade e autonomia. Nesse sentido, cabe questionar se este trabalhador estaria regido por regras gerais de trabalhadores autônomos, se deveria ser considerado trabalhador subordinado – apesar das peculiaridades da relação de trabalho digital –, ou se teria uma categoria própria, a qual Barzotto e Cunha[122] denominam "colaborativa". Para os referidos autores, essa nova configuração de trabalho deve ser regulada de forma que "atenda os anseios inovadores deste trabalhador e as necessidades produtivas do setor, mas garanta o aspecto econômico e moral do trabalho"[123]. Apontam, ainda, que já há no Direito a concretização dessa demanda: no direito alemão temos a figura do quase-assalariado, no direito espanhol, o trabalhador autônomo economicamente dependente, e no direito italiano, o parassubordinado[124].

Conforme Silva, o trabalho parassubordinado é uma relação de natureza contínua, em que a atividade do trabalhador é necessária para que o tomador atinja "[...] os fins sociais ou econômicos que persegue. Os resultados produtivos da atividade do colaborador devem se unir aos da atividade do próprio tomador dos serviços [...]"[125]. O trabalho parassubordinado se assemelha ao trabalho subordinado, ao mesmo tempo em que vai além do conceito de trabalho autônomo. Semelhante é o pensamento de Dennis Amanthéa, destacando o conceito de trabalho parassubordinado conforme segue:

> [...] um contrato de colaboração coordenada e continuada, em que o prestador de serviços colabora à consecução de uma atividade de interesse da empresa, tendo seu trabalho coordenado conjuntamente com o tomador de serviços, numa relação continuada ou não-eventual.[126]

---

[122] BARZOTTO, Luciane Cardoso; CUNHA, Leonardo Stocker Pereira da. As inovações tecnológicas e o direito laboral: breves considerações. In: MARTINI, Sandra Regina; JAEGER JÚNIOR, Augusto; REVERBEL, Carlos Eduardo Dider (org.). v. 1. **Movimento entre os saberes:** a transdisciplinaridade e o direito. Porto Alegre: RJR, 2017. p. 275-284, 280.

[123] Ibidem.

[124] Ibidem.

[125] SILVA, Otavio Pinto e. **Subordinação, autonomia e parassubordinação nas relações de trabalho.** São Paulo: LTr, 2004. p. 57.

[126] AMANTHÉA. Dennis Veloso. A evolução da teoria da parassubordinação: o trabalho a projeto. São Paulo: LTr, 2008. p. 19.

Para Winter, a tecnologia traz essa nova subordinação, uma vez que o trabalhador "[...] fica apenas indiretamente ligado ao empregador, passando a existir a chamada 'parassubordinação' [...], quando ocorre a distância, de maneira menos acentuada que a dos contratos de trabalho normais"[127]. A evolução do trabalhador comum para o trabalhador digital, de maneira resumida, pode ser exemplificada pela ilustração a seguir:

Figura 1 - a evolução do empregado

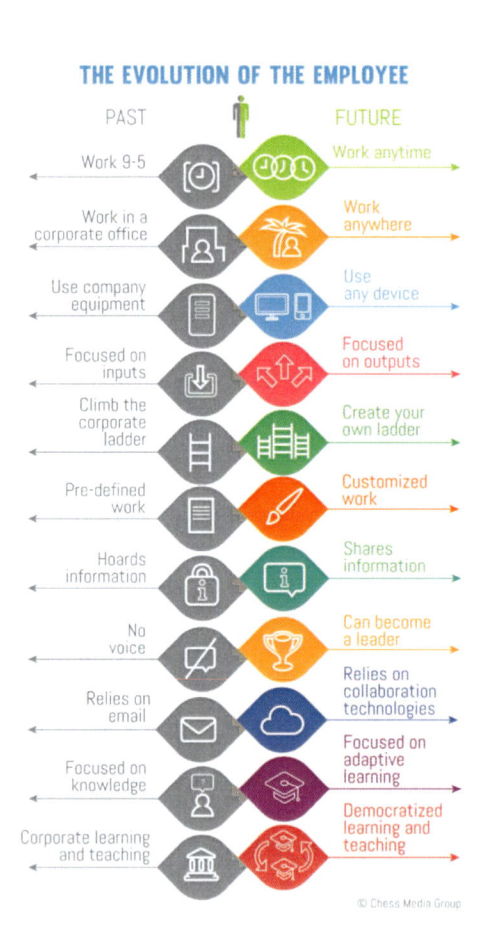

THE EVOLUTION OF THE EMPLOYEE

PAST	FUTURE
Work 9-5	Work anytime
Work in a corporate office	Work anywhere
Use company equipment	Use any device
Focused on inputs	Focused on outputs
Climb the corporate ladder	Create your own ladder
Pre-defined work	Customized work
Hoards information	Shares information
No voice	Can become a leader
Relies on email	Relies on collaboration technologies
Focused on knowledge	Focused on adaptive learning
Corporate learning and teaching	Democratized learning and teaching

© Chess Media Group

Fonte: adaptado de Morgan[128]

---

[127] WINTER, Vera Regina Loureiro. **Teletrabalho – Uma forma alternativa de emprego**. São Paulo: LTr, 2005. p. 52.
[128] MORGAN, Jacob. **The Evolution Of The Employee**. Disponível em: https://thefutureorganization.com/evolution-employee/> Acesso em: 10 set. 2018.

Para Signes[129], a tecnologia está transformando a forma de organização das empresas e está fazendo surgir uma nova modalidade de negócio, em que colocar o cliente em contato direto com o prestador de serviço individual passa a ser mais relevante do que contar com um trabalhador subordinado.

Nesse ponto, o professor Navarrete[130] coloca a necessidade de um Direito do Trabalho que inclua novas formas participativas de desenvolvimento e que os trabalhadores tenham compensações justas nesses novos desafios digitais. No mesmo sentido, a Confederação Europeia de Sindicatos[131] faz sugestões de como as empresas poderiam trabalhar esses novos enfoques do mundo do trabalho digital para que os custos de transação beneficiem tanto a empresários como trabalhadores. Ainda há que se refletir que o Direito do Trabalho, que na essência nasceu para proteger o trabalhador subordinado, deve se readaptar para garantir a sua própria

---

[129] SIGNES, Adrián Todolí. El impacto de la "uber economy" en las relaciones laborales: los efectos de las plataformas virtuales en el contrato de trabajo. **IUSlabor**, n. 3, p. 3, 2015. Disponível em: https://www.raco.cat/index.php/IUSLabor/article/view/305786 . Acesso em: 17 jul. 2018.

[130] NAVARRETE, Cristóbal Molina. "Esencia" y "existencia" de las relaciones de trabajo y de su derecho en la "era digital": ¿y si el "futuro" estuviera en "lo clásico"? Al maestro J. Vida Soria, in memoriam. **Revista de Trabajo y Seguridad Social**. CEF, 432, p. 5-27, p. 7, mar. 2019. Disponível em: https://www.laboral-social.com/sites/laboral-social.com/files/1-Editorial_MolinaNavarrete_mar2019_c.pdf. Acesso em: 20 mar. 2019.

[131] "La CES anima a: a) los comités de empresa europeos (CEE) y los representantes de los trabajadores em general y dentro de los consejos de administración en particular, a que controlen de cerca la subcontratación externa para asegurar que se cumplan plenamente las condiciones normales de trabajo y los salarios estipulados en los acuerdos. Es necesario supervisar, desde el principio, las nuevas prácticas comerciales en el campo digital y la introducción de las nuevas TIC. En algunos países, es evidente que el número de convenios de empresa aumenta rápidamente. En otros casos, estas actividades apenas comienzan. Cuestiones espinosas que ya se plantean desde hace tiempo, como la duración excesiva de la jornada laboral, el estrés, las competencias digitales y el desequilibrio de la vida privada y la vida profesional empeoran. Es absolutamente necesario abordar estos temas. b) las Federaciones Sindicales Europeas (FSE) deben explorar activamente medios para negociar acuerdos transnacionales de empresa (ATE) sobre digitalización, asegurándose que se establecen normas comunes y se respetan en el conjunto de la empresa y la cadena de valor, que incluye, por ejemplo, la participación de los representantes de los trabajadores en la introducción de las nuevas TIC (no hay excusa para el despido), impresión 3-D, las gafas inteligentes, autómatas, reglas apropiadas de protección de datos, datos de gran tamaño (big data), pero excluye el control del rendimiento o comportamiento o los controles a distancia, el uso privado y operativo de Internet (el "e-mail durante las vacaciones" de forma voluntaria, la sustitución por vacaciones o ausencia de la oficina, la gestión de dispositivos móviles, el derecho a la desconexión), el uso de medios de comunicación social, como ya es el caso en muchos acuerdos nacionales de empresa. Los acuerdos transnacionales de empresa (ATE) pueden ser una parte importante de la estrategia sindical para una digitalización justa. La actuación a nivel europeo puede ayudar a mitigar la brecha digital, para garantizar la igualdad de trato y transformar las amenazas en oportunidades. c) los sindicatos deben vigilar más de cerca las estrategias de las empresas sobre la digitalización, algo que aún no ocurre en todos los países. Los problemas identificados en este documento deben ser resaltados en todos los niveles de la organización sindical en Europa. d) exigir nuevos derechos como la suspensión temporal de las decisiones tomadas por la dirección sobre la organización del trabajo relacionada con la introducción de nuevas tecnologías; e) Abrir los sindicatos, organizar y proteger mejor a los trabajadores autónomos, tal como se prevé en la estrategia de la CES sobre el trabajo atípico." (CONFEDERACIÓN EUROPEA DE SINDICATOS. **Resolución de la CES sobre la digitalización:** hacia un trabajo digital justo. 2016, p. 12. Disponível em: https://www.ccoo.es/21d4392f1c3a0985ca39f0050cd3a773000001.pdf. Acesso em: 7 jan. 2019).

existência, ampliando o leque de proteção em uma reinvenção permanente. Nesse sentido, pode-se falar da necessidade de proteção de uma nova vulnerabilidade do trabalhador, a vulnerabilidade tecnológica.

Segundo Oliveira e Dornelles[132], o trabalhador, por depender economicamente do empregador para a sua própria sobrevivência, está em situação de vulnerabilidade. Essa vulnerabilidade pode ser negocial – o trabalhador tem dificuldades para impor seus interesses em situações negociais –, social – em razão do papel desempenhado pelo trabalhador no espaço produtivo, este encontra-se em posição vulnerável em relação ao capital –, e hierárquica – há subordinação do trabalhador às ordens do empregador. Para o Direito do Trabalho, a vulnerabilidade é o elemento que torna o trabalhador a parte mais frágil da relação, fazendo-se necessária à sua proteção sistemática por parte do ordenamento jurídico.

Há autores, como Aguiar[133], que entendem que haveria uma nova necessidade de regulamentação do trabalho digital, e outros, como Navarrete[134], que interpretam os desafios tecnológicos como apenas uma evolução do capitalismo para a qual o Direito do Trabalho deve dar uma resposta, na base da autonomia ou da subordinação. Ainda não se tem clareza se o trabalhador digital é subordinado ou autônomo em certas situações limites, como o trabalho em plataforma (veja-se a discussão existente em torno do Uber). No entanto, nas hipóteses em que claramente o trabalhador digital é subordinado, como é o caso do teletrabalho subordinado da reforma da CLT (arts. 75-A a 75-E da CLT), é relevante o estudo do poder de gestão para verificar os limites do poder de comando, bem como quais são os direitos fundamentais deste trabalhador.

3.3 A DIGITALIZAÇÃO E O PODER DE GESTÃO

O Direito do Trabalho, para La Cueva[135], é um limite aos poderes do empregador, pois prioriza o direito dos grupos sociais frente ao direito de propriedade. O autor afirma que "este direito dos grupos sociais [...] busca

---

[132] OLIVEIRA, Cínthia Machado de; DORNELES, Leandro do Amaral Dorneles de. **Direito do Trabalho**. Porto Alegre: Verbo Jurídico, 2013, *passim*.

[133] AGUIAR, Antonio Carlos. **Direito do trabalho 2.0**: digital e disruptivo. São Paulo: LTr, 2018. p. 68-69.

[134] NAVARRETE, Cristóbal Molina. "Esencia" y "existencia" de las relaciones de trabajo y de su derecho en la "era digital": ¿y si el "futuro" estuviera en "lo clásico"? Al maestro J. Vida Soria, in memoriam. **Revista de Trabajo y Seguridad Social**. CEF, 432, p. 5-27, 16, mar. 2019, Disponível em: https://www.laboral-social.com/sites/laboral-social.com/files/1-Editorial_MolinaNavarrete_mar2019_c.pdf. Acesso em: 20 mar. 2019.

[135] LA CUEVA, Mario de. **Derecho mexicano del trabajo**. Tomo I. 4. ed. México: Editorial Porrua, 1954. p. 442.

o bem-estar humano, isto é, procura realizar o direito do homem a uma existência digna e é superior em qualidade ao direito de propriedade"[136]. O Direito do Trabalho destina-se a satisfazer as necessidades do trabalhador, segundo a grande maioria dos autores clássicos, como Mario de La Cueva. A lei trabalhista cria para os trabalhadores um direito na empresa, contemplando as necessidades dos trabalhadores antes dos interesses dos empregadores, para que aqueles tenham garantido um padrão de vida digno.[137]

As novas tecnologias são utilizadas para fins produtivos pelo trabalhador ao mesmo tempo em que funcionam como mecanismo de controle do empregador, que tem acesso a várias informações do seu empregado. Dessa forma, os instrumentos tecnológicos permitem um novo tipo de controle pelo empregador, o controle eletrônico, além de possibilitarem a conexão ininterrupta do trabalhador com suas atividades laborais. Moreira[138] afirma que o controle típico, feito fisicamente pelo empregador, é periférico, descontínuo, parcial e realizado pela hierarquia humana. O controle eletrônico é desverticalizado, objetivo, em tempo real, pode ser feito à distância, e é capaz de analisar o perfil dos trabalhadores pelo cruzamento dos dados obtidos pela monitoração. Ainda, deve-se ponderar se o empregador atua com veracidade e lealdade na imposição das medidas de controle eletrônico, preservando o equilíbrio que deve existir na relação laboral.

O uso das novas tecnologias já é rotina no ambiente de trabalho. O computador é um dos instrumentos mais comumente disponibilizados ao trabalhador, que também faz uso de *smartphones* com aplicativos específicos para o desempenho de suas atividades. Todos esses instrumentos tecnológicos são, em maior ou menor grau, passíveis de controle do empregador.

Os poderes do empregador são inerentes à relação laboral, sendo definidos, por Mauricio Godinho Delgado[139], como o conjunto de prerrogativas asseguradas pela ordem jurídica e concentradas na figura do empregador. Martinez[140] define o poder diretivo patronal como prerrogativa do empregador que lhe permite exigir determinadas condutas dos

---

[136] "[E]ste derecho de los grupos sociales [...] busca el bienestar humano, esto es, procura realizar el derecho del hombre a una existencia digna y es superior en calidad al derecho de propriedad" (LA CUEVA, 1974, p. 442).

[137] *Ibidem*, p. 443.

[138] MOREIRA, Tereza Coelho. **A privacidade dos trabalhadores e as novas tecnologias de informação e comunicação**: contributo para um estudo dos limites ao poder de controle eletrônico do empregador. Coimbra: Almedina, 2010. p. 426-429.

[139] DELGADO, Maurício Godinho. **Curso de Direito do Trabalho**. 4. ed. São Paulo: LTr, 2005. p. 629.

[140] MARTINEZ, Luciano. **Curso de Direito do Trabalho**: relações individuais, sindicais e coletivas do trabalho. 2. ed. São Paulo: Saraiva, 2011. p. 188.

seus empregados, objetivando alcançar propósitos preestabelecidos. Para o autor, "o poder diretivo foi institucionalizado de modo que somente em virtude do vínculo de emprego surge o fundamento do domínio e a razão de ser da subordinação jurídica"[141].

Os poderes do empregador, segundo Supiot[142], podem ser classificados em três funções, que são seu fundamento e medida: dirigir a empresa, regulamentar a higiene, segurança e disciplina, e sancionar as faltas cometidas pelos empregados. O poder de direção diz respeito à gestão inerente à conduta da empresa: o que produzir e como, quem contratar e quem despedir, como e sob quais condições organizar o trabalho. O poder regulador do empregador é também um dever. O regulamento deve dispor sobre questões de higiene, segurança e disciplina na empresa. Assim como ocorre com o poder de direção, as decisões devem ser justificadas e o prejuízo aos direitos e liberdades dos assalariados deve ser proporcional. O poder disciplinar permite ao empregador sancionar as faltas cometidas pelos trabalhadores. Porém, a sanção deve respeitar um procedimento que possibilite defesa.

Para Moreira, "o sistema de poderes do empregador tem uma configuração e uma cobertura jurídicas, pois a satisfação do direito de crédito do empregador exige que este [...] ostente vários poderes"[143], os quais são "intrínsecos ao reconhecimento da liberdade de empresa"[144]. Tal liberdade se reveste de duplo sentido: direito pessoal de exercício individual ou coletivo, e direito institucional (da empresa em si mesma). A liberdade de empresa abrange a liberdade de "[...] criar, organizar e definir o objeto da atividade econômica direcionada ao acesso ao mercado, ou seja, à livre exploração de atividade destinada à produção ou circulação de bens ou serviços no mercado"[145].

A livre iniciativa pressupõe trabalho humano, o que revela a necessidade de se observar valores que preservem a dignidade da pessoa.[146] Nesse sentido, o Direito do Trabalho é um sistema de contenção dos poderes do empregador, pois, uma vez que reconhece sua existência, impõe-lhe limites. A autonomia privada individual, tanto do empregador quanto do

---

[141] *Ibidem*, p. 187-188.

[142] SUPIOT, Alain. **Derecho del trabajo**. Buenos Aires: Heliasta, 2008. p. 78-80.

[143] MOREIRA, Tereza Coelho. **A privacidade dos trabalhadores e as novas tecnologias de informação e comunicação**: contributo para um estudo dos limites ao poder de controle eletrônico do empregador. Coimbra: Almedina, 2010. p. 344.

[144] *Ibidem*, p. 345.

[145] BELMONTE, Alexandre Agra. **O monitoramento da correspondência eletrônica nas relações de trabalho**. 2.ed. São Paulo: LTr, 2014. p. 59.

[146] *Ibidem*.

trabalhador, é limitada para proteger o trabalhador, parte débil da relação. Para Moreira[147], as novas tecnologias e os novos modos de organização da empresa reintroduzem o princípio de autoridade nas relações de trabalho, trazendo para a atualidade a necessidade de proteção dos direitos de liberdade, privacidade e dignidade do trabalhador.

Importante ressaltar que o poder diretivo tem limites, não devendo o trabalhador obedecer a ordens que violem seus direitos e garantias, contrariem seus direitos de personalidade ou impliquem na prática de ato ilícito. O poder diretivo, segundo Moreira, é "irradiação essencial da liberdade de empresa, [...] sendo a subordinação jurídica [...] o seu reverso"[148].

A liberdade de empresa pressupõe que os empregadores dispõem de autonomia para gerenciar o seu estabelecimento empresarial. No entanto, para que o poder diretivo seja legítimo, deve-se obedecer às limitações decorrentes do ordenamento jurídico que o legitima.[149] A organização da empresa exige que o empregador exerça as faculdades de vigilância e controle da prestação de trabalho, sendo o poder de controle uma forma de verificar o cumprimento das ordens derivadas do poder diretivo.[150]

O poder de controle tem relação direta com a subordinação do empregado: "o trabalhador, submetido à dependência de outrem, insere-se numa organização produtiva alheia onde o seu titular tem a possibilidade de ditar ordens, instruções e diretrizes, e de verificar o seu correto cumprimento"[151]. Sobre a manifestação do poder de controle, Mauricio Godinho Delgado conceitua:

> Poder fiscalizatório (ou poder de controle) seria o conjunto de prerrogativas dirigidas a propiciar o acompanhamento contínuo da prestação de trabalho e a própria vigilância efetivada ao longo do espaço empresarial interno. Medidas como o controle de portaria, as revistas, o circuito interno de televisão, o controle de horário e frequência, a prestação de contas (em certas funções e profissões) e outras providências correlatas é que seriam manifestação do poder de controle.[152]

---

[147] MOREIRA, *op. cit.*, p. 346-350.

[148] MOREIRA, Tereza Coelho. **A privacidade dos trabalhadores e as novas tecnologias de informação e comunicação**: contributo para um estudo dos limites ao poder de controle eletrônico do empregador. Coimbra: Almedina, 2010. p. 363.

[149] ROXO, Tatiana Bhering Serradas Bon de Souza. **O poder de controle empresarial**: suas potencialidades e limitações na ordem jurídica - o caso das correspondências eletrônicas. São Paulo: LTr, 2013. p. 116.

[150] MOREIRA, *op. cit.*, p. 368.

[151] MOREIRA, *op. cit.*, p. 370.

[152] DELGADO, Mauricio Godinho. Direitos fundamentais na relação de trabalho. **Revista LTr**: legislação do trabalho, São Paulo, v. 70, n. 6, p. 657-667, jun. 2006, p. 634.

O controle exercido pelo empregador é uma atividade de verificação que necessita a presença de dois elementos essenciais: parâmetros previamente definidos pelo empregador e conhecidos dos trabalhadores e juízo de adequação do objeto controlado aos parâmetros sobre os quais se verifica o controle[153].

Para Belmonte, o poder de controle tem como objeto verificar o atendimento de metas de produção por meio da "[...] fiscalização da execução das tarefas conforme as diretrizes, métodos, metas e fins estabelecidos no contrato de trabalho"[154]. Mesmo o poder de controle tendo como objeto a prestação laboral, essa não é a única manifestação do controle existente na relação laboral. A faculdade de vigilância teria uma dimensão extracontratual cujo objeto extrapola a prestação de trabalho, atingindo a esfera privada do trabalhador na parte que não concerne à prestação laboral, e não poderia ser considerada como manifestação do poder diretivo e organizador do empregador. Esse "controle extracontratual" é um controle defensivo dos interesses da empresa. Para Moreira[155], o poder de controle deve ser reduzido à dimensão contratual, permitindo manifestações excepcionais na dimensão extracontratual relacionadas ao controle "defensivo".

Dois são os critérios apontados por Moreira[156] para estabelecer o âmbito, a natureza e o alcance das faculdades do poder de controle do empregador: a finalidade do poder de controle deve ser comprovar o correto funcionamento da organização produtiva e adequado cumprimento contratual do trabalhador; o método utilizado pelo empregador deve ser adequado à finalidade estabelecida, atuando como limite à discricionariedade do empregador. Os empregadores não podem ser impedidos de supervisionarem seus trabalhadores, mas esse poder limita-se a comprovar se os trabalhadores cumprem adequadamente suas obrigações laborais. Portanto, deve-se evitar excessos nas formas de controle, respeitando-se a dignidade e a privacidade dos trabalhadores. O exercício do poder de controle do empregador, segundo Moreira, constitui ameaça para os direitos fundamentais do trabalhador, definidos como *direitos laborais inespecíficos*.[157] Trata-se de direitos que,

---

[153] MOREIRA, Tereza Coelho. **A privacidade dos trabalhadores e as novas tecnologias de informação e comunicação**: contributo para um estudo dos limites ao poder de controle eletrônico do empregador. Coimbra: Almedina, 2010. p. 373.

[154] BELMONTE, Alexandre Agra. **O monitoramento da correspondência eletrônica nas relações de trabalho**. 2.ed. São Paulo: LTr, 2014. p. 61.

[155] MOREIRA, *op. cit.*, p. 375-377.

[156] MOREIRA, *op. cit.*, p. 377-379.

[157] MOREIRA, Tereza Coelho. **A privacidade dos trabalhadores e as novas tecnologias de informação e comunicação**: contributo para um estudo dos limites ao poder de controle eletrônico do empregador. Coimbra: Almedina, 2010. p. 399-400.

> [...] não tendo uma directa dimensão laboral, são inerentes a toda pessoa e cujo reconhecimento e exercício se podem produzir tanto no desenvolvimento estritamente privado do indivíduo como no âmbito de uma relação laboral.[158]

Segundo Mauricio Godinho Delgado[159], existem regras na Constituição que são impositivas enfáticas, e que afastam a licitude de condutas fiscalizatórias exageradas e que violem a liberdade e a dignidade do trabalhador. Como exemplo, tem-se o inciso X do artigo 5º da Constituição, segundo o qual a intimidade e vida privada são direitos invioláveis, dentre outros direitos. O trabalhador, considerado cidadão, tem direitos de cidadania como marco do contrato de trabalho. A celebração do contrato não implica privação dos direitos Constitucionais reconhecidos ao trabalhador como cidadão e como pessoa.

Os poderes do empregador têm fundamento na liberdade de empresa, de base constitucional, mas não são ilimitados, pois não podem obstaculizar o exercício dos direitos fundamentais dos trabalhados. Cabe ressaltar que mesmo os direitos dos trabalhadores não são absolutos, logo é necessário refletir sobre em quais condições e em benefício de que interesses pode o exercício dos direitos fundamentais ser condicionado. O contrato de trabalho seria o marco limitador do poder de controle do empregador, de forma a ser considerado ilícito e legitimador de desobediência qualquer controle que extrapole os limites contratuais.[160] Segundo Roxo,

> A Consolidação das Leis do Trabalho, em seu art. 483, protege a honra e a boa fama dos trabalhadores, proibindo que o empregador empregue conduta no sentido de violar tais direitos. O mesmo artigo proíbe que o empregador trate o empregado com rigor excessivo, limitando o Poder diretivo empresarial. Caso o empregador viole tal norma, estará sujeito a sofrer rescisão indireta do contrato de trabalho, que poderá ser cumulada a uma indenização por danos morais.[161]

---

[158] *Ibidem*, p. 400.

[159] DELGADO, Mauricio Godinho. Direitos fundamentais na relação de trabalho. **Revista LTr**: legislação do trabalho, São Paulo, v. 70, n. 6, p. 657-667, jun. 2006, p. 635.

[160] MOREIRA, Tereza Coelho. **A privacidade dos trabalhadores e as novas tecnologias de informação e comunicação**: contributo para um estudo dos limites ao poder de controle eletrônico do empregador. Coimbra: Almedina, 2010. p. 403-410.

[161] ROXO, Tatiana Bhering Serradas Bon de Souza. **O poder de controle empresarial**: suas potencialidades e limitações na ordem jurídica - o caso das correspondências eletrônicas. São Paulo: LTr, 2013. p. 122.

A exceção para que se extrapole o poder de controle para a dimensão extracontratual são condutas do trabalhador que afetem o prestígio da empresa ou lhe cause perturbações.[162] Nesse sentido, caso o trabalhador, por exemplo, utilize as redes sociais para macular a imagem do empregador, é plausível o exercício do poder de controle. Diante dos constantes avanços tecnológicos dos instrumentos de trabalho, as limitações impostas ao poder de controle fiscalizatório tornam-se cada vez mais relevantes. As novas tecnologias permitem uma fiscalização cada vez maior pelos empregadores, o que revela a importância de se definir o objeto e o objetivo da fiscalização, resguardando os direitos fundamentais dos trabalhadores.[163]

A introdução da informática nas empresas é um instrumento complexo, capaz de redimensionar o poder de controle e vigilância do empregador, que se torna um observador privilegiado. As novas tecnologias permitem o controle à distância, "tornando possível o controle total, ou quase total, de todos os movimentos da vida dos trabalhadores"[164], fazendo o trabalhador se tornar transparente para o empregador e perder uma parcela de sua liberdade.

O controle passou de uma vigilância física, em que se controla o modo de realizar as tarefas, para um controle mais qualitativo, que abrange a maneira de pensar e de reagir dos trabalhadores a partir dos registros pessoais de acesso à internet. Nesse sentido, pode-se afirmar o caráter ambivalente das novas tecnologias: possibilitam a realização das atividades laborais ao mesmo tempo em que permitem o controle pelo empregador. Com a introdução das novas tecnologias, o controle parece ter se tornado ilimitado, adquirindo uma capacidade inquisitória, que afeta o próprio contrato de trabalho. O poder de controle se expande ao ponto de descentralizar a subordinação, criando dificuldades para distinguir a estrutura de controle, seu objeto e sua finalidade.[165] O trabalhador não tem clareza do que está sujeito ao controle do empregador.

Ao fornecer instrumentos eletrônicos (computadores, *smartphones* etc.) de trabalho aos seus empregados, o empregador deve esclarecer quais serão os limites da sua utilização e o que está sujeito ao controle do empregador, seja por regulamento interno ou no próprio contrato de trabalho. Para

---

[162] MOREIRA, *op. cit.*, p. 412.
[163] ROXO, *op. cit.*, p. 122.
[164] MOREIRA, Tereza Coelho. **A privacidade dos trabalhadores e as novas tecnologias de informação e comunicação**: contributo para um estudo dos limites ao poder de controle eletrônico do empregador. Coimbra: Almedina, 2010. p. 419.
[165] *Ibidem*, p. 421-423.

Roxo, "caso o empregador seja omisso quanto à forma de utilização desta ferramenta de trabalho, ele não poderá exercer a fiscalização, sob pena de violar os direitos de personalidade de seus trabalhadores"[166].

Assim, o poder de controle eletrônico do empregador deve ser limitado para equilibrar a relação laboral, para que o trabalhador tenha seus direitos fundamentais respeitados. "[O] poder de controlo do empregador não pode atingir uma dimensão tal que ofenda a dignidade da pessoa humana e o pleno gozo dos direitos fundamentais conferidos pela Constituição"[167]. O poder de controle eletrônico do empregador deve estar adequado ao objetivo proposto e limitado à prática de atos indispensáveis à satisfação dos interesses da empresa.

3.4 A DIGITALIZAÇÃO E OS DIREITOS FUNDAMENTAIS DO TRABALHADOR

Segundo Moreira, "os direitos fundamentais que os trabalhadores têm enquanto pessoa e cidadão gozam efectiva [sic] aplicação e vigência no interior da organização do empregador"[168], embora seu exercício deva ser compatibilizado com as exigências na relação laboral, como o direito de liberdade de empresa do empregador.

Diante do conflito entre os direitos fundamentais dos trabalhadores e o direito à liberdade de empresa do empregador, deve-se dar primazia aos primeiros, sob pena de se esvaziar o sentido dos princípios e fins do Direito do Trabalho. Entendemos importante os seguintes direitos fundamentais do trabalhador no tocante ao trabalho digital pelas suas especificidades: proteção contra automação, direito à privacidade e proteção de dados, direito ao esquecimento e direito à desconexão.

3.4.1 Proteção contra a automação

A tecnologia se tornou uma importante ferramenta de trabalho, auxiliando o trabalhador no desempenho de suas atividades. No entanto, não se pode negar seu impacto no mercado de trabalho, visto que alguns

---

[166] ROXO, Tatiana Bhering Serradas Bon de Souza. **O poder de controle empresarial**: suas potencialidades e limitações na ordem jurídica - o caso das correspondências eletrônicas. São Paulo: LTr, 2013. p. 158.

[167] MOREIRA, *op. cit.*, p. 409.

[168] MOREIRA, Tereza Coelho. **A privacidade dos trabalhadores e as novas tecnologias de informação e comunicação**: contributo para um estudo dos limites ao poder de controle eletrônico do empregador. Coimbra: Almedina, 2010. p. 407.

postos de trabalho foram reduzidos em razão do avanço tecnológico. Cita-se o exemplo da função de caixa dos estabelecimentos bancários, afetada pelo surgimento dos caixas eletrônicos na década de 1960.

Atualmente, não é mais necessário ir até uma agência para realizar pagamentos ou até mesmo para contratar um empréstimo, pois o cliente pode se autoatender utilizando seu próprio celular. Muitas das atividades realizadas por bancários foram "transferidas" para aplicativos digitais. O constituinte de 1988 parece ter percebido esse "efeito deletério promovido pela tecnologia sobre o mercado de trabalho"[169], uma vez que, conforme disposto no artigo 7º, XXVII da Constituição Federal, é direito dos trabalhadores a proteção contra a automação.

Os avanços tecnológicos podem trazer efeitos adversos para o mercado de trabalho, como a redução de determinados postos de trabalho em razão da automação, ou até mesmo o exercício da fiscalização do trabalhador por máquinas, como explica Aguiar:

> Além de uma repercussão imediata, como a eliminação, em decorrência da substituição robótica, de postos de trabalho, há infinitas outras consequências reflexivas na cultura do relacionamento contratual, que passam até por um eventual e possível comando e fiscalização impostos a um humano por uma máquina.[170]

A substituição de trabalhadores por robôs com inteligência artificial já é realidade. Na Estônia, está em desenvolvimento um "robô juiz", que irá analisar disputas legais envolvendo menos de € 7 mil. O projeto piloto prevê o aprimoramento dos algoritmos do robô com base no retorno de juízes e advogados quanto à decisão pronunciada pelo robô. O "robô juiz" é uma tentativa tecnológica do governo da Estônia para diminuir a quantidade de processos distribuídos para os juízes e funcionários do judiciário.[171]

Por outro lado, as novas tecnologias têm potencial de geração de novos empregos, transferindo postos de trabalho de determinados setores para outros em que se exige maior capacitação. A adaptação dos trabalhadores a

---

[169] MORAES, Paulo Douglas Almeida de. UBER no Transporte Rodoviário de Cargas: a morte de dois milhões de empregos ou a chance de acabar com a fraude legislada no setor. *In:* LEME, Ana Carolina Reis Paes; RODRIGUES, Bruno Alves; CHAVES JÚNIOR, José Eduardo de Resende (coord.). **Tecnologias disruptivas e a exploração do trabalho humano**. São Paulo: LTr, 2017. p. 232.

[170] AGUIAR, Antonio Carlos. **Direito do trabalho 2.0**: digital e disruptivo. São Paulo: LTr, 2018. p. 61.

[171] ESTÔNIA quer substituir os juízes por robôs. Época Negócios, 4 abr. 2019. Disponível em: https://epocanegocios.globo.com/Tecnologia/noticia/2019/04/estonia-quer-substituir-os-juizes-por-robos.html. Acesso em: 4 abr. 2019.

esses novos postos de trabalho não é uma ação compensatória "[...] sobre o desdobramento das consequências sociais das mudanças no ciclo tradicional de trabalho em que estava inserida a atividade laboral do trabalhador antes da alteração da organização social havida"[172].

O Comitê Econômico e Social Europeu[173] publicou um parecer sobre os efeitos da digitalização no setor dos serviços e no emprego no âmbito das mutações industriais, no qual prevê que os Estados-Membros da União Europeia correm o risco de perder entre 40% e 60% dos empregos ao longo dos próximos vinte anos em razão da automação trazida pela digitalização. Ainda, o parecer questiona se o aumento na produtividade, causado pela adoção de tecnologias avançadas, irão se traduzir em aumento do emprego, compensando a eliminação de postos de trabalho devido à automação dos serviços e exigência elevada de qualificação do trabalhador.

O incentivo à qualificação profissional e a valorização do emprego na economia parecem ser fatores essenciais para que a automação não afete negativamente os trabalhadores. Há que se priorizar estratégias para a educação de qualidade, o que para Cunha Júnior é um desafio imposto aos sindicatos:

> [...] os dirigentes sindicais deverão enfrentar os futuros fenômenos da "era da Internet das Coisas" (Internet of Things - IOT), por meio da conscientização de governantes, e da sociedade em geral, de conferir prioridade estratégica para a educação básica de qualidade, de forma que as futuras gerações de trabalhadores atendam às exigências de mão de obra tecnologicamente aptas![174]

Os sindicatos devem exercer sua função social, organizando os trabalhadores, enfatizando cursos e qualificações, gestionando novas vagas do mercado de trabalho e indicando novas necessidades no mercado, visto que têm papel fundamental na organização dos trabalhadores. Todavia, a própria organização dos sindicatos esteve em xeque. A reforma trabalhista (Lei 13.467, de 13 de julho de 2017) incentivou a negociação coletiva, reforçando o papel

---

[172] AGUIAR, Antonio Carlos. **Direito do trabalho 2.0**: digital e disruptivo. São Paulo: LTr, 2018. p. 75.

[173] COMITÉ ECONÓMICO E SOCIAL EUROPEU. Efeitos da digitalização no setor dos serviços e no emprego no âmbito das mutações industriais (parecer exploratório). **Jornal Oficial da União Europeia**, C 13, p. 167, 15 jan. 2016. Disponível em: https://eur-lex.europa.eu/legal-content/PT/ALL/?uri=CELEX:52015AE0765. Acesso em: 20 dez. 2018.

[174] CUNHA JÚNIOR, José Roberto de Araujo. Considerações sobre o futuro do trabalho, desemprego e trabalho decente. In: ORGANIZAÇÃO INTERNACIONAL DO TRABALHO. **Futuro do Trabalho no Brasil**: Perspectivas e Diálogos Tripartites. 2018. p. 24. Disponível em: http://www.ilo.org/wcmsp5/groups/public/---americas/---ro-lima/---ilo-brasilia/documents/publication/wcms_626908.pdf. Acesso em: 7 out. 2018.

relevante dos sindicatos, porém a Medida Provisória 873[175], de 1º de março de 2019, ameaçou a sustentação econômica dos sindicatos ao trazer alterações à CLT quanto à contribuição sindical.[176] O pagamento da contribuição sindical ocorria por desconto em folha de pagamento. Com a alteração na redação do art. 582 da CLT, o recolhimento da contribuição sindical dos trabalhadores, desde que autorizado prévia e expressamente, passaria a ser feito exclusivamente por meio de boleto bancário ou equivalente eletrônico, o qual deveria ser encaminhado obrigatoriamente à residência do trabalhador ou, na hipótese de impossibilidade de recebimento, à sede da empresa.

A MP 873/2019 teve seu prazo de vigência expirado, perdendo sua eficácia e restabelecendo-se a redação conferida ao art. 582 da CLT pela Lei 13.467, de 13 de julho de 2017, que, embora não restrinja a realização do pagamento da contribuição sindical a boleto bancário, condiciona o desconto à prévia e expressa autorização do trabalhador, tendo ocorrido a declaração de constitucionalidade do dispositivo legal pelo Supremo Tribunal Federal (ADI 5794).

À época, os efeitos da MP 873/2019 foram sentidos por alguns sindicatos, a exemplo do fechamento por tempo indeterminado do Sindicato dos Empregados no Comércio de Porto Alegre (Sindec-POA) em razão da dificuldade financeira para manter as atividades patrocinadas pela entidade. O Sindec-POA representava 100 mil comerciários, que tiveram serviços assistenciais afetados – como creche e departamento médico e odontológico.[177]

3.4.2 Direito à privacidade e proteção de dados

Com o uso das novas tecnologias, o empregador tem a possibilidade de, por exemplo, monitorar as pesquisas realizadas pelo trabalhador, verificar o tempo que este leva para executar cada tarefa, acessar as ferramentas comunicação (correio eletrônico, aplicativos de mensagens etc.). Tais dados podem conter informações da esfera íntima do trabalhador, que talvez sejam relevantes para o empregador, mas que não é do interesse do trabalhador compartilhar. Ainda, as redes sociais permitem que o empregador vigie o

---

[175] BRASIL. Medida Provisória n. 873, de 1º de março de 2019. **Planalto**. Disponível em: http://www.planalto.gov.br/ccivil_03/_Ato2019-2022/2019/Mpv/mpv873.htm. Acesso em: 2 mar. 2019.

[176] FRAGA, Ricardo Carvalho. Sustentação econômica dos sindicatos. **Jornal GGN**, 6 mar. 2019. Disponível em: https://jornalggn.com.br/artigos/sustentacao-economica-dos-sindicatos-por-ricardo-carvalho-fraga/. Acesso em: 6 abr. 2019.

[177] OLIVEIRA, Gabriella. Maior sindicato da iniciativa privada do RS fecha as portas em virtude da MP 873. **SINDEC**: a força do comerciário, 15 mar. 2019. Disponível em: https://sindec.org.br/maior-sindicato-da-iniciativa-privada-do-rs-fecha-as-portas-em-protesto-a-mp.htm. Acesso em: 6 abr. 2019.

trabalhador em seus momentos de lazer, e lhe aplique sanções por seu comportamento. Veja-se o exemplo dos torcedores brasileiros durante a realização da Copa do Mundo de Futebol na Rússia entre junho e julho de 2018.

Fato amplamente divulgado na mídia, tem-se notícia de que brasileiros apresentaram comportamentos reprováveis ao divulgar em redes sociais vídeos de mulheres de nacionalidade russas falando palavras ofensivas por eles ensinadas. Esse acontecimento passou a ser relevante para o Direito do Trabalho em razão de sua consequência: os homens identificados pelas redes sociais tiveram seus contratos de trabalho encerrados.[178] A repercussão negativa do comportamento dos trabalhadores afetou seu contrato de trabalho.

Oliveira Neto[179] argumenta que as empresas devem adotar práticas que visem minimizar os efeitos danosos que as relações do trabalho podem sofrer em ambiente virtual e destaca, dentre outras, as situações em que a liberdade de expressão do trabalhador em ciberespaço atinge a higidez do ambiente de trabalho. Para o autor,

> [...] o direito de expressão do empregado, em regra, não sofre nenhuma limitação com relação às suas relações pessoais, salvo no que tange às relações do trabalho, quando cause dano ao saudável meio ambiente do trabalho, ou prejuízo ao empregador. Nessas hipóteses de abuso de direito, por evidente, a liberdade de expressão deve ser mitigada. Com efeito, se de um lado o empregado tem o direito à manifestação do pensamento; de outro **o empregador possui o direito à preservação da sua imagem, reputação, e preservação do saudável ambiente de trabalho, com ainda mais ênfase nos ambientes virtuais dada a amplitude alcançada pela informação postada.** (destaque nosso).[180]

Oliveira Neto[181] defende a possibilidade de o empregador criar regras de conduta no ambiente virtual por meio de uma "política de uso das redes

---

[178] A demissão dos trabalhadores foi assunto de diferentes manchetes: "Latam demite funcionário envolvido em vídeo machista na Rússia" (https://veja.abril.com.br/economia/latam-demite-funcionario-envolvido-em-video-machista-na-russia/); "Por esta demissão por justa causa brasileiros na Rússia não esperavam" (https://exame.abril.com.br/carreira/por-esta-demissao-por-justa-causa-brasileiros-na-russia-nao-esperavam/); "Torcedores brasileiros se comportam mal na Copa da Rússia. As reações são exageradas?" (https://www.gazetadopovo.com.br/ideias/torcedores-brasileiros-se-comportam-mal-na-copa-da-russia-as-reacoes-sao-exageradas-7ilid57s1rj2xesun1cdcglml).

[179] OLIVEIRA NETO, Célio Pereira. **Trabalho em Ambiente Virtual**: Causas, Efeitos e Conformação. São Paulo: LTr, 2018. p. 134.

[180] Ibidem, p. 147.

[181] Ibidem, p. 148.

sociais". Essas políticas, de caráter preventivo, estabelecem regras que extrapolam o limite da jornada de trabalho, ou seja, são aplicáveis mesmo quando o trabalho não está sendo prestado, e até mesmo após encerrada a relação de emprego. Desta forma, há uma limitação dos direitos de expressão do empregado com o objetivo de proteger os direitos do empregador e preservar a imagem da empresa e a salubridade do meio ambiente do trabalho. Para tanto, a política de uso das redes sociais, elaborada pelo empregador,

> [...] deve ser clara no sentido de que o empregado tem a liberdade de se manifestar nas redes sociais, como e quando quiser, cabendo observar os direitos de terceiros, e não causar mácula ao ambiente de trabalho, evitando comentários que possam ser prejudiciais ao empregador ou contrários às regras de uso das redes sociais estabelecidas pelo empregador.[182]

Nesse cenário no qual tudo está armazenado na rede e acessível pela internet, a proteção dos dados pessoais do trabalhador merece tutela desde o momento em que se candidata ao emprego até após o fim da relação laboral. Nesse sentido, cabe mencionar a Carta dos Direitos Fundamentais da União Europeia, que em seu art. 8º enuncia:

> 1. Todas as pessoas têm direito à protecção [sic] dos dados de carácter pessoal que lhes digam respeito.
> 2. Esses dados devem ser objecto [sic] de um tratamento leal, para fins específicos e com o consentimento da pessoa interessada ou com outro fundamento legítimo previsto por lei. Todas as pessoas têm o direito de aceder aos dados coligidos que lhes digam respeito e de obter a respectiva rectificação [sic].
> 3. O cumprimento destas regras fica sujeito a fiscalização por parte de uma autoridade independente.[183]

No Brasil, destaca-se a Lei Geral de Proteção de Dados (LGPD - Lei nº 13.709, de 14 de agosto de 2018), a qual dispõe sobre a proteção de dados pessoais e altera a Lei nº 12.965, de 23 de abril de 2014 (Marco Civil da Internet). A LGPD, conforme disposto em seu artigo 1º, abrange o tratamento de dados pessoais, inclusive nos meios digitais, por pessoa natural ou por pessoa jurídica de direito público ou privado, com o objetivo de proteger os direitos fundamentais de liberdade e de privacidade e o livre

---

[182] Ibidem.
[183] PARLAMENTO EUROPEU; CONSELHO DA UNIÃO EUROPEIA; COMISSÃO EUROPEIA. Carta dos Direitos Fundamentais da União Europeia (2000/C 364/01). **Jornal Oficial das Comunidades Europeias**. Disponível em: http://www.europarl.europa.eu/charter/pdf/text_pt.pdf. Acesso em: 15 dez. 2018.

desenvolvimento da personalidade da pessoa natural. Embora não se trate de uma legislação específica de Direito do Trabalho, pode ter reflexos nas relações trabalhistas, uma vez que as empresas coletam dados de candidatos à vaga de emprego, bem como de seus empregados ativos.

O empregador deve exercer sua autonomia privada de buscar informações sobre o empregado para garantir a adequação do contrato de trabalho à satisfação dos seus interesses, em razão da relevância de tais aspectos para a prestação da atividade laboral e por tais circunstâncias dizerem respeito a interesses legítimos do empregador. Um exemplo seria consultar a devida inscrição do empregado em conselho profissional, como OAB, CREA e CRM. No entanto, para Sara Costa Apostolides[184], o ato de autoinformação do empregador tem limites, pois este não é livre para investigar todo e qualquer aspecto da vida privada do trabalhador. A autora aponta dois campos de análise para orientação do empregador na busca da informação: métodos de investigação e conteúdo da informação.

Quanto ao método de investigação, a informação deve ser prestada espontaneamente pelo trabalhador ou, quando questionado, deve consentir em prestar a informação, não devendo ser utilizados métodos de investigação indiretos ou dissimulados.[185] Quanto ao conteúdo da informação, o trabalhador deve responder àquelas perguntas que forem legítimas, ou seja, aquelas que sejam relevantes para a prestação da atividade laboral. As questões relevantes para a formação da vontade do empregador que não disserem respeito à prestação da atividade pelo trabalhador são questões ilegítimas, não sendo o trabalhador obrigado a responder.[186]

3.4.3 Direito ao esquecimento

A perenidade da informação proporcionada pela tecnologia pode provocar danos aos trabalhadores. Situações desabonadoras, deslizes e negligências podem se tornar públicas por meio da rede mundial de computadores, afetando negativamente a inserção no mercado de trabalho, uma vez que o empregador em potencial tem acesso a essa informação.

Usa-se novamente o caso dos torcedores brasileiros durante a Copa do Mundo de Futebol na Rússia. A ampla cobertura midiática em torno da

---

[184] APOSTOLIDES, Sara Costa. **Do dever pré-contratual de informação e da sua aplicabilidade na formação do contrato de trabalho**. Coimbra: Almedina, 2008. p. 222.

[185] *Ibidem*, p. 223-224.

[186] *Ibidem*, p. 224-225.

conduta dos trabalhadores está disponível para consulta, bastando digitar termos aparentemente corriqueiros como "brasileiros demitidos" na ferramenta de pesquisa Google[187] para que se acesse reportagens de diferentes veículos, contendo inclusive o nome e a foto dos trabalhadores.

Não é difícil imaginar a dificuldade de reinserção desses trabalhadores no mercado. Para contornar essa situação, tem-se a possibilidade de reivindicar-se o direito ao esquecimento. Para Chehab, o direito ao esquecimento "[...] é a faculdade que o titular de um dado pessoal tem para vê-lo apagado, suprimido ou bloqueado [...]"[188]. Segundo o autor, a informação é passível de perecimento, seja "pelo decurso do tempo, pela expiração da sua finalidade ou por sua proximidade com os direitos fundamentais afetos à personalidade [...]"[189]. O Enunciado n. 531, aprovado na VI Jornada de Direito Civil, consigna que "a tutela da dignidade da pessoa humana na sociedade da informação inclui o direito ao esquecimento"[190].

O Marco Civil da Internet, Lei nº 12.965/2014, estabelece princípios, garantias, direitos e deveres para o uso da Internet no Brasil. Em seu artigo 3º, a referida lei aponta como princípios do uso da internet no Brasil, dentre outros, a proteção da privacidade e a proteção dos dados pessoais. A controvérsia gerada pelo direito ao esquecimento gira em torno da colisão entre a liberdade de expressão e de informação, e o direito à vida privada, à honra e à intimidade. O direito ao esquecimento ou direito a ser esquecido, engloba a possibilidade de que, após um determinado tempo, a informação seja apagada, ou desvinculada da pessoa a que diz respeito, conforme já consta no Regulamento (UE) 2016/679 do Parlamento Europeu, relativo à proteção das pessoas singulares no que diz respeito ao tratamento de dados pessoais e à livre circulação desses dados[191]. O direito ao esquecimento, no viés do Direito do Trabalho, tem por objetivo evitar que se tenha a disseminação da informação pessoal

---

[187] A pesquisa com os termos "brasileiros demitidos", realizada na ferramenta Google no dia 24 de julho de 2018, retornou nove reportagens diferentes na primeira página do navegador de Internet.
[188] CHEHAB, Gustavo Carvalho. **A privacidade ameaçada de morte**. São Paulo: LTr, 2015. p. 115.
[189] *Ibidem*.
[190] CONSELHO DA JUSTIÇA FEDERAL. Enunciado 531. **VI Jornada de Direito Civil**. Disponível em: http://www.cjf.jus.br/enunciados/enunciado/142. Acesso em: 24 jul. 2018.
[191] Conforme o artigo 17 da Regulação (UE) 2016/679 do Parlamento Europeu, que trata do "direito ao apagamento dos dados" (ou direito a ser esquecido), "O titular tem o direito de obter do responsável pelo tratamento o apagamento dos seus dados pessoais, sem demora injustificada, e este tem a obrigação de apagar os dados pessoais, sem demora injustificada [...]" (PARLAMENTO EUROPEU. Regulamento (EU) 2016/679 do Parlamento Europeu e do Conselho de 27 de abril de 2016. **Jornal Oficial da União Europeia**. Disponível em: https://eur-lex.europa.eu/legal-content/PT/TXT/PDF/?uri=CELEX:32016R0679&from=EN. Acesso em: 20 dez. 2018).

passada, que deixando de cumprir a sua finalidade provoque um dano ao trabalhador.

3.4.4 Direito à desconexão

A separação da vida pessoal da vida profissional ficou mais tênue. As novas tecnologias permitem que o trabalhador esteja conectado ao ambiente de trabalho constantemente, o que pode ter como consequência jornadas sem limite, "[...] uma vez que, por meio da tecnologia, não estamos mais restritos ao local físico da empresa e tão pouco, ao seu horário de funcionamento para exercer nossas atividades cotidianas"[192].

Marders e Kunde apontam a possibilidade de afronta à dignidade da pessoa humana, pois as novas tecnologias permitem uma disponibilidade permanente do trabalhador, impedindo que se desligue de sua atividade diária. Segundo as autoras, "[...] o repouso do trabalhador é um dos elementos de uma existência digna, caracterizando a expressão de um direito a desconexão e ao lazer".[193] O trabalhador tem direito a se "desconectar do trabalhador", ou seja, tem direito à vida privada, um descanso efetivo do controle do empregador.

O trabalhador tem direito à jornada de trabalho definida, para que se saiba que quando o trabalhador não estiver dentro da sua jornada de trabalho, ele poderá se autodeterminar, inclusive exercendo o direito ao lazer. Ou seja, nessa jornada de 44 horas semanais, haverá momentos em que o trabalhador estará em seu período de descanso.

Para Souto Maior[194], o direito à desconexão do trabalho não significa não trabalhar completamente, mas sim trabalhar menos, até o nível necessário à preservação da vida privada e da saúde, considerando-se essencial esta preocupação (de se desligar, concretamente, do trabalho) exatamente por conta das características deste mundo do trabalho marcado pela evolução da tecnologia, pela definição do Mercado e pelo atendimento, em primeiro plano, das exigências do consumo.

---

[192] MARDERS, Fernanda; KUNDE, Bárbara Michele Morais. O Direito de desconexão no teletrabalho como concretização do princípio da igualdade na sociedade contemporânea. *In:* COLNAGO, Lorena de Mello Rezende; CHAVES JUNIOR, José Eduardo de Resende; ESTRADA, Manuel Martín Pino (coord.). **Teletrabalho**. São Paulo: LTr, 2017. p. 128.

[193] *Ibidem*, p. 130.

[194] SOUTO MAIOR, Jorge Luiz. Do direito à desconexão do trabalho. **Revista do Tribunal Regional do Trabalho da 15ª Região**, Campinas, SP, n. 23, p. 296-313, jul./dez. 2003. p. 298. Disponível em: https://hdl.handle.net/20.500.12178/108056. Acesso em: 3 jul. 2018.

A importância da desconexão, do descanso do trabalhador, é reconhecida em documentos internacionais, a exemplo da Declaração Universal dos Direitos do Homem (art. 24) e do Pacto Internacional sobre Direitos Econômicos, Sociais e Culturais (art. 7º):

> Art. 24 – Todas pessoas têm direito ao repouso e aos lazeres e, especialmente, a uma limitação razoável da duração do trabalho e a férias periódicas pagas.[195]
> Art. 7º - Os Estados Partes do presente Pacto reconhecem o direito de toda pessoa de gozar de condições de trabalho justas e favoráveis que assegurem especialmente: [...] d) O descanso, o lazer, a limitação razoável das horas de trabalho e férias periódicas remuneradas, assim como a remuneração dos feriados.[196]

Perceba-se que se trata de uma preocupação de plano internacional na perspectiva de tutela e proteção dos direitos humanos e do trabalhador, é um problema de saúde pública. Nesse ponto, cabe perguntar-se como o direito à desconexão se aplica àqueles trabalhadores que não têm controle de jornada: os cargos de gestão e gerência, os trabalhadores externos, o teletrabalhador. Como permitir que esses empregados se desconectem se a própria CLT permite o labor com ausência de controle de jornada (art. 62 da CLT)? É possível garantir o descanso e a limitação de jornada nesses casos? Os direitos fundamentais são indisponíveis, logo deve haver um momento em que não há comunicação entre empregado e empregador.

O Tribunal Superior do Trabalho tem se posicionado a favor da desconexão do ambiente de trabalho, como demonstrado no julgado abaixo:

> [...] a concessão de telefone celular ao trabalhador não retira deste seu direito ao percebimento das horas relativas ao sobreaviso, pois a possibilidade de ser chamado em caso de urgência por certo que limita a liberdade de locomoção do reclamante e lhe retira o direito à desconexão do trabalho.[197]

---

[195] ORGANIZAÇÃO DAS NAÇÕES UNIDAS. **Declaração Universal dos Direitos Humanos**. 1948. Disponível em: https://nacoesunidas.org/wp-content/uploads/2018/10/DUDH.pdf. Acesso em: 26 jul. 2018.

[196] BRASIL. Decreto n. 591, de 6 de julho de 1992. **Planalto**. Disponível em: http://www.planalto.gov.br/ccivil_03/decreto/1990-1994/d0591.htm. Acesso em: 20 nov. 2018.

[197] BRASIL. Tribunal Superior do Trabalho. Recurso de Revista 64600-20.2008.5.15.0127. Recorrente: Elektro Eletricidade e Serviços LTDA. Recorrido: Itamar Castelli Domingues Reigota. Relatora: Desa. Maria Laura

Logo, o próprio TST já caminha no sentido de reconhecer o direito à desconexão. Direito ao não trabalho é direito ao descanso, ao lazer, expresso no artigo 6º da Constituição Federal: "São direitos sociais [...] **o trabalho**, [...] **o lazer** [...], na forma desta Constituição"[198].

3.5 AS PLATAFORMAS DIGITAIS

A sociedade está se digitalizando, o que provoca uma transformação da economia. Surgem novos modelos empresariais vinculados a uma ideia de compartilhamento ou colaboração, em que plataformas digitais facilitam a troca de informações "e criam um mercado aberto para a utilização temporária de bens ou serviços, muitas vezes prestados por particulares"[199].

Os novos caminhos da economia colaborativa – termo que se refere a modelos de negócios onde as atividades são facilitadas por plataformas colaborativas que criam um mercado aberto para o uso temporário de bens ou serviços frequentemente fornecidos por indivíduos privados[200] – trouxeram novas formas de prestação de trabalho humano. A tendência de acumulação de bens e capital dá lugar, progressivamente, à tendência de acesso (em vez de propriedade) a bens, possibilitando o compartilhamento de recursos, ideia que permeia a linha de pensamento de Rifkin[201].

Nessa nova economia, surgem aplicativos para telefones celulares, oferecendo-se como uma plataforma de conexão entre quem precisa de um determinado serviço e quem está disposto a prestar esse serviço. Cita-se o exemplo do aplicativo Uber, por meio da qual motoristas podem se conectar a passageiros em potencial. Ainda a título de exemplo, cita-se o aplicativo Parafuzo, que conecta diaristas previamente selecionadas a pessoas interessadas em contratar um profissional para realizar a limpeza de suas residências ou ambientes empresariais.

Franco Lima de Faria. Brasília, 27 jun. 2012. Disponível em: http://aplicacao5.tst.jus.br/consultaDocumento/acordao.do?anoProcInt=2011&numProcInt=109499&dtaPublicacaoStr=29/06/2012%2007:00:00&nia=5708304. Acesso em: 15 dez. 2018.

[198] BRASIL. Constituição (1988). **Constituição da República Federativa do Brasil de 1988**. Disponível em: http://www.planalto.gov.br/ccivil_03/constituicao/constituicaocompilado.htm. Acesso em: 3 jul. 2018.

[199] COMISSÃO EUROPEIA. **Uma Agenda Europeia para a Economia Colaborativa**. Bruxelas, 2016. p. 3. Disponível em: https://ec.europa.eu/docsroom/documents/16881/attachments/2/translations/pt/renditions/native. Acesso em: 23 jul. 2018.

[200] *Ibidem.*

[201] RIFKIN, Jeremy. **Sociedade com Custo Marginal Zero**. São Paulo: M. Books, 2016. p. 20.

Segundo a Comissão Europeia, em comunicado de junho de 2016 dirigido ao Parlamento Europeu, são três as categorias de intervenientes na economia colaborativa:

> (i) os prestadores de serviços que partilham os ativos, os recursos, a disponibilidade e/ou as competências — podem ser particulares que oferecem serviços numa base esporádica («pares») ou prestadores de serviços que atuam no exercício da sua atividade profissional («prestadores de serviços profissionais»); (ii) os utilizadores desses serviços; e (iii) os intermediários que — através de uma plataforma em linha — ligam prestadores de serviços e utilizadores, facilitando as transações recíprocas («plataformas colaborativas»).[202]

Para Moreira, esse modelo de economia colaborativa "gera novas oportunidades [...], podendo dar um importante contributo para a criação de empregos, de regimes de trabalho flexíveis e de novas fontes de rendimento"[203]. A autora também aponta aspectos negativos, como a diluição da distinção entre trabalhador por conta de outrem e trabalhador por conta própria.[204]

As plataformas podem ser uma nova forma de prestação de serviço, geração de ocupação e renda. Scholz questiona o modelo de propriedade para a Internet trazido pela economia colaborativa e sugere as plataformas de cooperativismo. Para o autor, "[...] a economia do compartilhamento nos traz formas jurássicas de trabalho enquanto desencadeia uma máquina antissindical colossal, passando por cima de trabalhadorxs [sic] mais velhxs [sic], especialmente"[205]. As plataformas de cooperativismo podem revigorar as verdadeiras cooperativas por meio da reorganização de espaços coletivos, tornando a remuneração mais equânime entre os verdadeiros sócios, resgatando os princípios da liberdade e da igualdade. Para Scholz, o conceito de cooperativismo de plataforma tem três partes:

> Primeiro, ele baseia-se na clonagem do coração tecnológico de Uber, TaskRabbit, Airbnb ou UpWork. Ele recepciona a tecnologia, mas quer colocar o trabalho em um modelo

---

[202] COMISSÃO EUROPEIA. **Uma Agenda Europeia para a Economia Colaborativa**. Bruxelas, 2016. p. 3. Disponível em: https://ec.europa.eu/docsroom/documents/16881/attachments/2/translations/pt/renditions/native. Acesso em: 23 out. 2018.

[203] MOREIRA, Teresa Coelho. Algumas questões sobre trabalho 4.0. *In:* MEDEIROS, Benizete Ramos de (coord.). **O Mundo do trabalho em movimento e as recentes alterações legislativas**: um olhar luso-brasileiro. São Paulo: LTr, 2018. p. 195.

[204] *Ibidem*, p. 196.

[205] SCHOLZ, Trebor. **Cooperativismo de plataforma**: contestando a economia do compartilhamento corporativa. Tradução: Rafael A. F. Zanatta. São Paulo: Fundação Rosa Luxemburgo, 2016. p. 22-23.

proprietário distinto, aderindo a valores democráticos, para desestabilizar o sistema quebrado da economia do compartilhamento/economia sob demanda, que beneficia somente poucxs [sic]. É nesse sentido que o cooperativismo de plataforma envolve mudança estrutural, uma mudança de propriedade.

Segundo, o cooperativismo de plataforma trata de solidariedade, que faz muita falta nessa economia baseada em força de trabalho distribuída e muitas vezes anônima. Plataformas podem ser possuídas e operadas por sindicatos inovadores, cidades e várias outras formas de cooperativas, tudo desde cooperativas multissetoriais (multi-stakeholder co-op), cooperativas de propriedade dxs trabalhadorxs [sic] (worker-owned co-op) ou plataformas cooperativas de propriedade dxs "produsuárixs" [sic] (produser-owned platform cooperatives). Terceiro, o cooperativismo de plataforma é construído na ressignificação de conceitos como inovação e eficiência, tendo em vista o benefício de todxs, e não a sucção de lucros para poucxs [sic].[206]

Como exemplo de uma plataforma de cooperativismo, Scholz cita a cooperativa Canadense Stocksy[207], uma cooperativa de artistas para a formação de bancos de fotografias, que acredita no compartilhamento justo de lucros e na copropriedade. Com a da plataforma, os artistas possuem a copropriedade do site por meio do qual eles estão distribuindo suas criações. Os artistas se candidatam a membros da plataforma e, quando aceitos, licenciam imagens e recebem 50% da comissão de vendas, bem como uma divisão dos lucros no final do ano. Outro exemplo é a Loconomics[208], uma cooperativa de profissionais autônomos que, por meio do aplicativo, ajudam outros profissionais a encontrarem clientes, sem a necessidade de intermediários. A Loconomics é uma plataforma de propriedade compartilhada, todo profissional cadastrado no aplicativo tem direito a voto na eleição do conselho da empresa. Ainda, os lucros gerados pela plataforma Loconomics são distribuídos entre os profissionais cadastrados, proporcionalmente à sua participação na geração de lucros.

---

[206] *Ibidem*, p. 60-62. *Cf.* rodapé da página 18 da referida obra: "decidiu-se evitar o masculino genérico para alcançar uma inclusão linguística maior de outras identidades de gênero. A substituição do determinante pelo "x" não apenas engloba a forma feminina, mas ao mesmo tempo questiona a binariedade na determinação de gênero e abre espaço para outras identidades possíveis. Não se quer sugerir nenhuma solução padronizada ou definitiva mas que sim, antes de tudo, que o uso do "x" possa provocar reflexão."

[207] Para mais informações sobre a Stocksy, acesse: https://www.stocksy.com/service/about.

[208] Para mais informações sobre a Loconomics, acesse: https://loconomics.com/pages/about.

4

TRABALHO DECENTE E AMBIENTE DE TRABALHO DIGITAL

O conceito de trabalho decente foi introduzido pela Organização Internacional do Trabalho, no ano de 1999, na 87ª Sessão da Conferência Internacional do Trabalho, e representa a síntese de sua missão histórica na promoção de iguais oportunidades para que homens e mulheres consigam um trabalho produtivo e de qualidade em condições de liberdade, equidade, segurança e dignidade humanas:

> Este é o objetivo principal da Organização hoje. O trabalho decente é o foco convergente de todos os seus quatro objetivos estratégicos: a promoção dos direitos no trabalho; emprego; proteção social; e diálogo social. Deve orientar suas políticas e definir seu papel internacional no futuro próximo.[209] (tradução nossa).

Trabalho decente, para a OIT,

> [...] significa trabalho produtivo em que os direitos são protegidos, o que gera uma renda adequada, com proteção social adequada. Também significa trabalho suficiente, no sentido de que todos devem ter pleno acesso a oportunidades de geração de renda. Ele marca o caminho para o desenvolvimento econômico e social, uma estrada na qual o emprego, a renda e a proteção social podem ser alcançados sem comprometer os direitos e padrões sociais dos trabalhadores.[210] (tradução nossa).

---

[209] "This is the main purpose of the Organization today. Decent work is the converging focus of all its four strategic objectives: the promotion of rights at work; employment; social protection; and social dialogue. It must guide its policies and define its international role in the near future." (INTERNATIONAL LABOUR ORGANIZATION. **Report of the Director-General:** Decent Work. Geneva, jun. 1999. Disponível em: https://www.ilo.org/public/english/standards/relm/ilc/ilc87/rep-i.htm. Acesso em: 7 jul. 2018).

[210] "[...] means productive work in which rights are protected, which generates an adequate income, with adequate social protection. It also means sufficient work, in the sense that all should have full access to income-earning opportunities. It marks the high road to economic and social development, a road in which employment, income and social protection can be achieved without compromising workers' rights and social standards." (INTERNATIONAL LABOUR ORGANIZATION. **Report of the Director-General:** Decent Work. Geneva, jun. 1999. Disponível em: https://www.ilo.org/public/english/standards/relm/ilc/ilc87/rep-i.htm. Acesso em: 7 jul. 2018).

Luciane Barzotto resume o conceito de trabalho decente como "aquele desenvolvido em ocupação produtiva, justamente remunerada e que se exerce em condições de liberdade, equidade, seguridade e respeito à dignidade da pessoa humana"[211]. Quanto à liberdade, abrange a ausência de trabalho forçado ou degradante. "O trabalho pressupõe a livre e espontânea vontade do trabalhador em desenvolver suas atividades"[212]. Quanto às condições de equidade no trabalho, significa dizer que os trabalhadores devem ser tratados com justiça e igualdade, sem discriminação. "Dentro da concepção de dignidade humana, como um valor intrínseco do ser humano que o individualiza, o trabalho só será realmente decente se respeitar patamares mínimos de igualdade entre os trabalhadores"[213]. As condições de segurança no trabalho referem-se à proteção da integridade do trabalhador em todos os aspectos. "Para que se atinja um ideal de trabalho decente, é preciso que o trabalhador tenha um meio ambiente do trabalho sadio e equilibrado"[214]. Os riscos inerentes ao trabalhado devem ser minimizados, respeitando-se o direito fundamental do trabalhador ao meio ambiente do trabalho sadio.

Segundo Miguel[215], trabalho digno está ligado às aspirações pessoais na vida profissional do indivíduo, já o trabalho decente está ligado às oportunidades de trabalho produtivo, sendo este com remuneração justa, seguro, com liberdade, com equidade, com proteção social extensiva aos familiares, com melhores perspectivas de crescimento individual e integração no ambiente social. A dignidade da pessoa humana deve ser observada no meio ambiente de trabalho, considerando seu caráter fundamental. Nesse sentido, interessante destacar o pensamento de Stuchi:

> O trabalho decente assegura uma condição de trabalho digna, que corresponde aos direitos fundamentais do trabalhador. Ele respeita a condição humana do trabalhador valorizando sua dignidade por meio do estabelecimento de condições de saúde, segurança e higiene no ambiente de trabalho, com

---

[211] BARZOTTO, Luciane Cardoso. Trabalho decente: Dignidade e sustentabilidade. Âmbito Jurídico, Rio Grande, XIII, n. 78, p. 1, jul. 2010. Disponível em: https://ambitojuridico.com.br/edicoes/revista-78/trabalho--decente-dignidade-e-sustentabilidade/ . Acesso em: 7 jul. 2018.

[212] STUCHI, Victor Hugo Nazário. O meio ambiente do trabalho como forma de efetividade do trabalho decente. **Revista de direito do trabalho**, São Paulo, SP, v. 40, n. 155, p. 183-204, jan./fev. 2014, p. 198. Disponível em: https://hdl.handle.net/20.500.12178/97304. Acesso em: 6 jul. 2018.

[213] *Ibidem*, p. 198.

[214] *Ibidem*.

[215] MIGUEL, Cássia Rochane. Trabalho rural: olhar contemporâneo, déficit de trabalho decente. 2012. Trabalho de Conclusão de Curso (Graduação em Planejamento e Gestão para o Desenvolvimento Rural) - Curso de Planejamento e Gestão para o Desenvolvimento Rural, Universidade Federal do Rio Grande do Sul, Porto Alegre, 2012.

pagamento de salário justo, todos amparados em patamares mínimos de igualdade entre todos os trabalhadores. Uma condição de trabalho digna compreende diversos aspectos. Ao nos depararmos com os princípios insculpidos na Declaração de Filadélfia, vemos que todos os seres humanos, sem distinção de raça, credo ou sexo tem direito a buscar o bem-estar material e seu desenvolvimento espiritual em condições de liberdade e dignidade, de segurança e em igualdade de oportunidades.[216]

No mesmo sentido, temos a Declaração Universal dos Direitos Humanos[217], que estabelece, no artigo XXIII, que toda e qualquer pessoa tem direito a condições justas e favoráveis de trabalho, remuneração justa e satisfatória e ainda uma existência em conformidade com a dignidade humana, assegurando assim, o direito ao trabalho decente como direito humano. Para Alvarenga[218], igualmente, o trabalho decente é um direito humano e fundamental.

> A prestação laboral a ser exercida pelo trabalhador deve ser executada, desde que em conformidade com os princípios constitucionais do trabalho que visam a assegurar a valorização do trabalho humano e a dignidade da pessoa do trabalhador. É por meio da proteção dada ao trabalhador no Direito do Trabalho que o princípio da dignidade da pessoa do trabalhador, previsto no artigo 1º, III, da CF/88, assegura a realização do ser humano e o atendimento aos reclamos sociais. Sem o exercício pleno dos direitos, o empregado não adquire dignidade; e, sem dignidade, o trabalhador não adquire existência plena. O conteúdo básico do Direito do Trabalho se insere na busca pela proteção e pela preservação da dignidade do ser humano em todos os seus níveis, seja econômico, social.[219]

---

[216] STUCHI, Victor Hugo Nazário. O meio ambiente do trabalho como forma de efetividade do trabalho decente. **Revista de direito do trabalho**, São Paulo, SP, v. 40, n. 155, p. 183-204, jan. / fev. 2014, p. 197. Disponível em: https://hdl.handle.net/20.500.12178/97304. Acesso em: 6 jul. 2018.

[217] Conforme o artigo XXIII da Declaração Universal dos Direitos Humanos, (1) Todo ser humano tem direito ao trabalho, à livre escolha de emprego, a condições justas e favoráveis de trabalho e à proteção contra o desemprego; (2) Todo ser humano, sem qualquer distinção, tem direito a igual remuneração por igual trabalho; (3) Todo ser humano que trabalha tem direito a uma remuneração justa e satisfatória, que lhe assegure, assim como à sua família, uma existência compatível com a dignidade humana e a que se acrescentarão, se necessário, outros meios de proteção social; (4) Todo ser humano tem direito a organizar sindicatos e a neles ingressar para proteção de seus interesses.

[218] ALVARENGA, Rúbia Zanotelli de. **Trabalho decente**: direito humano e fundamental. São Paulo: LTr, 2016. p. 89.

[219] *Ibidem.*

Para Leite[220], é do Estado o dever de criar mecanismos para debater e implementar políticas públicas de promoção do trabalho decente. Afirma a autora que a promoção do trabalho decente tem como característica dois pontos fundamentais:

> i) a elaboração de políticas e ações intersetoriais no âmbito do emprego e da renda, educação, saúde, meio ambiente, assistência social, entre outros; e ii) o amplo debate participativo entre as esferas governamentais, empresariais, sindicais e da sociedade civil.[221]

Na era digital, a promoção do trabalho decente deve continuar sendo buscada, visto as possibilidades de violações a direitos fundamentais que as novas formas de trabalho podem apresentar. Ricardo Antunes[222] assevera que os adoecimentos, padecimentos, precarizações, terceirizações, desregulamentações e assédios parecem tornar-se mais a regra do que a exceção. No mesmo sentido, é o pensamento de Melo:

> O trabalho "alienado clássico" é substituído por uma subordinação contínua e uma disponibilidade diuturna de seus sujeitos, criando uma "escravidão psicológica" dos trabalhadores, que se sentem obrigados, por exemplo, a responder e-mails durante a madrugada ou a responder a seus chefes fora do horário e do local de trabalho através de aplicativos de mensagens instantâneas.[223]

Atentos a essas mudanças trazidas pelas novas tecnologias, a OIT e o Eurofound publicaram um relatório, intitulado *Working anytime, anywhere: The effects on the world of work*[224] (Trabalhando a qualquer hora, em qualquer lugar: os efeitos no mundo do trabalho), que apresenta os resultados de uma pesquisa desenvolvida em 15 países, incluindo o Brasil, em que são identificados diferentes tipos de trabalhadores que utilizam novas tecnologias para

---

[220] LEITE, Letícia Mourad Lobo. O Papel do Estado na promoção do Trabalho Decente e dos Objetivos de Desenvolvimento Sustentável. *In:* ORGANIZAÇÃO INTERNACIONAL DO TRABALHO. **Futuro do Trabalho no Brasil**: Perspectivas e Diálogos Tripartites. 2018. p. 22. Disponível em: http://www.ilo.org/wcmsp5/groups/public/---americas/---ro-lima/---ilo-brasilia/documents/publication/wcms_626908.pdf. Acesso em: 7 jul. 2018.

[221] *Ibidem.*

[222] ANTUNES, Ricardo. **O privilégio da servidão**: o novo proletariado de serviços na era digital. São Paulo: Boitempo, 2018. p. 48.

[223] MELO, Sandro Nahmias; RODRIGUES, Karen Rosendo de Almeida Leite. **Direito à desconexão do trabalho**: com análise crítica da reforma trabalhista: (Lei n. 13.467/2017). São Paulo: LTr, 2018. p. 66.

[224] EUROFOUND; INTERNATIONAL LABOUR ORGANIZATION. **Working anytime, anywhere**: The effects on the world of work, Luxembourg: Publications Office of the European Union. Geneva: International Labour Office, 2017. Disponível em: http://www.ilo.org/wcmsp5/groups/public/---dgreports/---dcomm/---publ/documents/publication/wcms_544138.pdf. Acesso em: 25 jul. 2018.

trabalhar a distância. Nesse relatório, o trabalho a distância é compreendido como aquele realizado fora das instalações de seus empregadores, o que inclui pessoas que trabalham de casa regularmente, pessoas que trabalham de casa ocasionalmente e pessoas que trabalham de outros lugares com frequência. Cabe a ressalva de que o trabalho a distância é evidentemente digital, visto que utiliza meios telemáticos para a prestação de serviço, mas não necessariamente virtual, uma vez que a atividade pode ser desenvolvida de forma presencial e sem o uso das tecnologias.

4.1 TRABALHO JUSTAMENTE REMUNERADO

O trabalho justamente remunerado, dentro do conceito de trabalho decente, é aquele em que a remuneração possibilita a satisfação das necessidades vitais mínimas do obreiro. A remuneração retribui "[...] adequadamente a contribuição do trabalhador para a produção da riqueza."[225]. Segundo Gosdal,

> Nesse ponto seria possível identificar tanto o conteúdo de garantia de direitos mínimos e imunidades da dignidade, ao tratar da satisfação das necessidades vitais do trabalhador, quanto de seu conteúdo de honra, ao tratar da **retribuição adequada à contribuição do trabalhador para a formação da riqueza**.[226] (destaque nosso).

Os trabalhadores de plataformas digitais podem enfrentar problemas em concretizar seu direito à remuneração justa. Os contratos com as empresas gestoras das plataformas podem conter cláusulas que autorizam a interferência na transação de pagamento do trabalhador. Existem cláusulas que permitem aos clientes de plataformas recusar a efetivação do pagamento do trabalho realizado se considerá-lo insatisfatório, sem que seja necessário justificar essa atitude. Ainda, é possível que o cliente da plataforma retenha o trabalho realizado, ignorando direitos de propriedade intelectual decorrentes deste trabalho. Agrava a situação a possibilidade de o cliente da plataforma realizar avaliações negativas do trabalhador, impactando diretamente sua classificação e, consequentemente, sua capacidade de trabalhar no futuro.[227]

---

[225] GOSDAL, Thereza Cristina. Principais Instrumentos de Direitos Humanos e o Trabalho Decente. *In*: CAVALCANTE, Jouberto de Quadros Pessoa; VILLATORE, Marco Antônio César (coord.). **Direito internacional do trabalho e a Organização Internacional do Trabalho**: trabalho decente. São Paulo: LTr, 2017. p. 49.

[226] *Ibidem*.

[227] STEFANO, Valerio de. **The rise of the "just-in-time workforce"**: on-demand work, crowdwork and labour protection in the "gig-economy". Geneva: ILO, 2016. p. 14. Disponível em: http://www.ilo.org/wcmsp5/groups/public/---ed_protect/---protrav/---travail/documents/publication/wcms_443267.pdf . Acesso em: 25 jul. 2018

Não havendo condições de valores mínimos de remuneração, o Estado social deveria garantir, ao menos, uma renda mínima de inserção, como forma de inclusão social pelo trabalho. Tal ideia é defendida por Rosanvallon, conforme explicação de Gonzalez:

> Alguns autores, como Rosanvallon, propõem, diante da desagregação do Estado de Bem-Estar e do crescimento da exclusão, uma renda mínima de inserção, a inserção pelo trabalho na luta contra a exclusão. Critica a ideia da dotação universal como expressão de uma tendência à dissociação entre a esfera da atividade econômica e a solidariedade. Trata-se de um novo tipo de direito social que ocupa um ponto intermediário entre direito e contrato. É um direito, porque é acessível a todos para obter um mínimo de recursos, mas também é um contrato, ligado a uma contrapartida ao compromisso do beneficiário em um rumo de inserção. Um direito, pelo contrário, é por essência de aplicação universal e incondicional. Neste caso, não se propõe voltar à caridade, mas desloca-se a obrigação de universalidade que define um direito. Vincula-se o social com o econômico, sujeita-se o social ao econômico, em uma nova remercantilização da seguridade social.[228]

Pensamento diverso tem Merrien, que critica o conceito de renda mínima de inserção de Rosanvallon:

> A "Renda Mínima de Inserção" (RMI), criada em 1988, suscitou grandes esperanças. Os resultados, no entanto, causaram decepção. O número de beneficiários cresce constantemente, representando mais de um milhão de pessoas em 1999. As medidas de inserção são quase inexistentes e o número de titulares da RMI que reencontraram um trabalho é muito baixo. Na França, as políticas "ativas" são numerosas, mas, diferentemente dos países escandinavos, elas têm uma eficácia baixa. As diferentes políticas seguidas em favor dos jovens sem emprego podem servir de exemplo. Os jovens pouco qualificados passam de um "emprego-solidariedade" a um outro e frequentemente retornam ao desemprego ou ao benefício da RMI quando os seus direitos terminam.[229]

---

[228] GONZÁLEZ, Horacio Ricardo. O futuro da seguridade social. *In:* RAMÍREZ, Luis Enrique; SALVADOR, Luiz (coord.). **Direito do trabalho**: por uma carta sociolaboral latino-americana. São Paulo: LTr, 2012. p. 106.

[229] MERRIEN, François Xavier. O Novo Regime Econômico Internacional e o Futuro dos Estados de Bem-Estar Social. *In:* DELGADO, Mauricio Godinho; PORTO, Lorena Vasconcelos (org.). **O Estado de bem-estar social no século XXI**. 2. ed. São Paulo: LTr, 2018. p. 132.

O artigo 7º do Pacto Internacional sobre Direitos Econômicos, Sociais e Culturais[230] dispõe que os Estados Partes do Pacto reconhecem o direito de toda pessoa de gozar de condições de trabalho justas e favoráveis, devendo ser assegurada uma remuneração que proporcione, no mínimo, um salário equitativo e uma existência decente para todos os trabalhadores e suas famílias. Nesse sentido, destaca-se a iniciativa da cooperativa belga SMartBe, uma cooperativa fundada em 1998 por *freelancers* que auxilia seus membros oferecendo seguro de saúde acessível e contribuições para aposentadoria, ajuda com documentos e pagamentos pontuais garantidos. Atualmente, a SMartBe abarca trabalhadores de plataforma em nove países europeus (Bélgica, França, Itália, Espanha, Alemanha, Reino Unido, Hungria, Áustria e Suécia)[231].

Outro exemplo que merece destaque é o caso da plataforma Prolific, que estimula o pagamento justo e "recompensas éticas" aos trabalhadores de pelo menos US $ 6,5 por hora. Conforme pesquisa realizada pela OIT[232] sobre plataformas de trabalho digital, essa metodologia adotada pela Prolific representa uma remuneração maior que o salário-mínimo nos países em desenvolvimento. Contudo, a Prolific calcula a remuneração pela tarefa com base no tempo levado para concluí-la, desconsiderando o tempo que o trabalhador leva para acessar a plataforma, passar por uma seleção e localizar uma tarefa para a qual esteja qualificado. Alguns trabalhadores relataram levar até uma hora pesquisando por tarefas às quais estavam aptos, sendo que demoravam aproximadamente uma hora para as concluir.

Se essa sobrecarga for levada em conta, a remuneração real por hora é bastante reduzida, mesmo na Prolific, que publica tarefas com pagamentos acima da média (cerca de £ 18 por hora), se comparado com outras plataformas de *crowdwork*. Dessa forma, uma tarefa de £ 18 por hora que leva, em média, apenas um minuto para ser concluída, paga apenas £ 0,30 por tarefa. Para realmente ganhar o total de 18 libras, um trabalhador teria que localizar e completar 60 tarefas de um minuto cada. O esforço necessário para localizar e concluir tarefas e a disponibilidade insuficiente de tarefas em muitas plataformas tornam quase impossível alcançar um salário-mínimo em plataformas de trabalho coletivo, mesmo que as tarefas individuais tenham preços relativamente mais altos que a média.

---

[230] BRASIL. Decreto n. 591, de 6 de julho de 1992. **Planalto**. Disponível em: http://www.planalto.gov.br/ccivil_03/decreto/1990-1994/d0591.htm. Acesso em: 20 nov. 2018.

[231] Para mais informações sobre a plataforma SMartBe, acesse: https://smartbe.be.

[232] INTERNATIONAL LABOUR ORGANIZATION. **Digital labour platforms and the future of work:** Towards decent work in the online world International Labour Office. Geneva: ILO, 2018. p. 53. Disponível em: https://www.ilo.org/wcmsp5/groups/public/---dgreports/---dcomm/---publ/documents/publication/wcms_645337.pdf. Acesso em: 20 dez. 2018.

Ainda, a pesquisa realizada pela OIT[233] alerta para as possibilidades de pagamento injusto quando a supervisão das tarefas realizas na plataforma é realizada por um algoritmo. A pesquisa cita o exemplo de uma tarefa específica realizada por três trabalhadores diferentes, sendo que o resultado de um dos trabalhadores é diferente do dos outros dois. Nessa situação, o algoritmo pode ser configurado para rejeitar automaticamente o trabalho com resposta divergente, mesmo a resposta estando correta, negando o pagamento pelo serviço prestado. A pesquisa ainda aponta a preocupação com a falta de transparência nesse processo de rejeição, uma vez que os trabalhadores não têm acesso às razões que motivaram a rejeição, bem como não possuem mecanismos de contestação.

4.2 TRABALHO EM CONDIÇÕES DE LIBERDADE

O trabalho decente em condições de liberdade "significa que a liberdade de associação e o direito à negociação coletiva devem encontrar condições favoráveis ao seu desenvolvimento"[234]. Pode ser exemplificado pela Convenção n. 98 da OIT (ratificada pelo Brasil e promulgada pelo Decreto n. 33.196, de 29 de junho de 1953), relativa à aplicação dos princípios do direito de organização e de negociação coletiva, a qual estabelece a liberdade de trabalhadores e empregadores se organizarem para fomentar e defender seus direitos.

O exercício do princípio da liberdade, pelos trabalhadores da *gig economy*, pode ter mais obstáculos que os demais trabalhadores. A liberdade de associação é reduzida para os *crowdworkes*, visto que nessa modalidade de prestação de serviço os trabalhadores estão dispersos. Soma-se à dispersão a alta competitividade existente nessas plataformas de trabalho coletivo, o que pode desestimular a cooperação entre os trabalhadores.[235]

Stefano[236] aponta o receio do impacto negativo na reputação e na classificação do trabalhador caso ele se envolva em reivindicações de direito coletivo, pois a continuidade do trabalho depende da avaliação recebida em

---

[233] INTERNATIONAL LABOUR ORGANIZATION. **Digital labour platforms and the future of work:** Towards decent work in the online world International Labour Office. Geneva: ILO, 2018. p. 53. Disponível em: https://www.ilo.org/wcmsp5/groups/public/---dgreports/---dcomm/---publ/documents/publication/wcms_645337.pdf. Acesso em: 20 dez. 2018.

[234] GOSDAL, Thereza Cristina. Principais Instrumentos de Direitos Humanos e o Trabalho Decente. *In:* CAVALCANTE, Jouberto de Quadros Pessoa; VILLATORE, Marco Antônio César (coord.). **Direito internacional do trabalho e a Organização Internacional do Trabalho**: trabalho decente. São Paulo: LTr, 2017. p. 49.

[235] STEFANO, Valerio de. **The rise of the "just-in-time workforce"**: on-demand work, crowdwork and labour protection in the "gig-economy". Geneva: ILO, 2016. p. 9. Disponível em: http://www.ilo.org/wcmsp5/groups/public/---ed_protect/---protrav/---travail/documents/publication/wcms_443267.pdf. Acesso em: 25 jul. 2018.

[236] *Ibidem*, p. 9-10.

aplicativos ou até mesmo no *crowdwork*. Ainda, tem-se a possibilidade da suspensão ou exclusão da plataforma como forma de retaliação. O monitoramento virtual constante é outra forma de inibir qualquer ativismo. Os trabalhadores da *gig economy* carecem de representação coletiva, e isso se deve por vários motivos, "incluindo a dispersão na Internet e dada a grande competição entre eles, observa-se uma relutância em exercer direitos coletivos já que isso poderia levar à exclusão da plataforma"[237] (tradução nossa).

Para Jeremias Prassl, a principal estratégia para garantir um trabalho digno na economia de plataforma deve ser a incorporação do trabalhador em uma estrutura coletiva existente, abrangendo a "organização de trabalhadores e troca de informações e consultas com plataformas por meio da negociação coletiva e codeterminação"[238] (tradução nossa). Segundo o autor, um desafio que se apresenta é a construção e contínuo desenvolvimento de formas criativas "[...] de organizar e desenvolver o conteúdo substantivo da negociação coletiva para abranger áreas de preocupação especial para os trabalhadores de plataformas"[239] (tradução nossa).

Aguiar[240] aponta a necessidade de criação de uma plataforma sindical-digital de empregos humanos, administrada pelo sindicato profissional. Esta plataforma teria como objetivo a "[...] preparação para manutenção de vida empregatícia no Mundo Digital do Trabalho"[241], servindo como instrumento de empregabilidade para aqueles trabalhadores que ainda necessitam se adaptar às novas tecnologias que alteram o meio ambiente de trabalho e trazem inovações para a relação de emprego. Os sindicatos, na defesa dos interesses do trabalhador, parte vulnerável desta relação, devem fornecer serviços de apoio concreto para os trabalhadores de plataformas, *crowdworkers* e demais modalidades de prestação de serviço da *gig economy*.

---

[237] "[...] incluida la dispersión en Internet y dada la gran competencia entre ellos, se observa una renuencia a ejercer los derechos colectivos ya que les podría llevar a la exclusión de la plataforma [...]" (CONFEDERACIÓN EUROPEA DE SINDICATOS. **Resolución de la CES sobre cómo abordar los nuevos retos digitales para el mundo del trabajo, en particular el trabajo colaborativo**. 2017, p. 6. Disponível em: https://www.ccoo.es/bbcb4b1628cc513ebe954f292043127f000001.pdf. Acesso em: 15 dez. 2018).

[238] "[...] organising workers and engaging in information and consultation exchanges with platforms through to collective bargaining and co-determination [...]" (PRASSL, Jeremias. Collective voice in the platform economy: challenges, opportunities, solutions. 2018. **Report to the ETUC**, p. 20. Disponível em: https://www.etuc.org/sites/default/files/publication/file/2018-09/Prassl%20report%20maquette.pdf. Acesso em: 20 dez. 2018).

[239] "[...] ways of organising, and in developing the substantive content of collective bargaining to encompass areas of particular concern to platform workers [...]" (PRASSL, Jeremias. Collective voice in the platform economy: challenges, opportunities, solutions. **Report to the ETUC**, p. 20, 2018. Disponível em: https://www.etuc.org/sites/default/files/publication/file/2018-09/Prassl%20report%20maquette.pdf. Acesso em: 20 dez. 2018).

[240] AGUIAR, Antonio Carlos. **Direito do trabalho 2.0**: digital e disruptivo. São Paulo: LTr, 2018. p. 81.

[241] *Ibidem*.

Em pesquisa realizada por Eckhard Voss e Hannah Riede[242] para a Confederação Europeia dos Sindicatos, constatou-se que os trabalhadores de plataforma entrevistados têm um sentimento geral positivo em relação à organização de interesses coletivos. Oitenta e três por cento dos entrevistados sugeriram que os sindicatos deveriam negociar com plataformas *online*. Cerca de oitenta por cento dos entrevistados acreditam que os sindicatos devem mediar os conflitos entre os trabalhadores de plataforma e os proprietários da plataforma. Mais de oitenta por cento dos entrevistados opinaram que os sindicatos deveriam organizar os trabalhadores da plataforma. Uma parte similar dos entrevistados concordou com a ideia de que os sindicatos devem apoiar a auto-organização dos trabalhadores de plataforma *online*. Ainda segundo a pesquisa, as percepções positivas em relação à atuação dos sindicatos em favor dos trabalhadores de plataforma indicam confiança na legitimidade e integridade dos sindicatos. Os entrevistados são favoráveis à adoção de cooperativas e outras formas de organização dos trabalhadores de plataforma.

4.3 TRABALHO EM CONDIÇÕES DE IGUALDADE

O trabalho decente em condições de igualdade, segundo Thereza Gosdal[243], diz respeito a não discriminação, conforme critérios especificados na Convenção n. 111 da OIT (ratificada pelo Brasil e promulgada pelo Decreto n. 62.150, de 19 de janeiro de 1968), a exemplo de questões de gênero, raça, crença, deficiências, convicção política, dentre outros. A autora cita ainda a discriminação em razão do ajuizamento de reclamatória trabalhista.

Barzotto[244], sobre o trabalho decente em condições de igualdade, elenca a Convenção n. 100 (ratificada pelo Brasil e promulgada pelo Decreto n. 41.721, de 25 de junho de 1957) e a Recomendação n. 90, que estabelecem o princípio da igual remuneração para homens e mulheres em trabalho de igual valor. Ainda são lembradas a Convenção n. 156 (não ratificada pelo Brasil) sobre trabalhadores com responsabilidades familiares, a qual estabelece igualdade de tratamento de gêneros quando os trabalhadores possuam idênticas responsabilidades familiares.

---

[242] VOSS, Eckhard; RIEDE, Hannah. **Digitalisation and workers participation**: what trade unions, company level workers and online platform workers in Europe think. 2018, p. 50-51. Report to the ETUC. Disponível em: https://www.etuc.org/sites/default/files/publication/file/2018-09/Voss%20Report%20EN2.pdf. Acesso em: 20 dez. 2018.

[243] GOSDAL, Thereza Cristina. Principais Instrumentos de Direitos Humanos e o Trabalho Decente. *In*: CAVALCANTE, Jouberto de Quadros Pessoa; VILLATORE, Marco Antônio César (coord.). **Direito internacional do trabalho e a Organização Internacional do Trabalho**: trabalho decente. São Paulo: LTr, 2017. p. 49.

[244] BARZOTTO, Luciane Cardoso. **Direitos humanos e trabalhadores**: atividade normativa da Organização Internacional do Trabalho e os limites do Direito Internacional do Trabalho. 2015. Tese (Doutorado em Direito) – Curso de Direito, Universidade Federal do Paraná, Paraná, 2015, p. 206.

Nesse sentido, cabe mencionar as conclusões do *European Working Conditions Surveys* 2015[245] (Pesquisas Europeias sobre Condições de Trabalho), estudo que proporciona uma visão geral das condições de trabalho na Europa. O referido estudo mostra as percepções dos trabalhadores em relação a como suas horas de trabalho se encaixam com seus compromissos familiares ou sociais. Os teletrabalhadores domiciliares regulares na União Europeia relatam um ajuste ligeiramente melhor entre suas horas de trabalho e seus compromissos familiares ou sociais do que os trabalhadores que sempre trabalham nas instalações do empregador. Quando se compara a percepção de homens e mulheres em relação ao teletrabalho regular, os percentuais são os mesmos. No entanto, é mais fácil para as mulheres do que para os homens conciliar a vida profissional com a vida familiar quando há uso intenso ou moderado de tecnologias da informação e comunicação.

Gráfico 1: *Adequação das horas de trabalho e compromissos familiares ou sociais* Porcentagem de empregados que informam que suas horas de trabalho se encaixam "bem" ou "muito bem" com compromissos familiares ou sociais por tipo de teletrabalho/ trabalho a distância com uso de tecnologia da informação e comunicação e sexo na União Europeia.

	Trabalho nas instalações do empregador		Teletrabalho domiciliar regular		Trabalho com uso intenso de tecnologias da informação e comunicação		Trabalho com uso moderado de tecnologias da informação e comunicação	
	homem	mulher	homem	mulher	homem	mulher	homem	mulher
muito bom	28	30	38	38	26	24	29	33
bom	55	55	48	49	46	50	53	53

Fonte: adaptado de EUROFOUND; INTERNATIONAL LABOUR ORGANIZATION[246]

---

[245] EUROFOUND. **Sixth European Working Conditions Survey**: Overview report (2017 update). Luxembourg: Publications Office of the European Union, 2017. Disponível em: https://www.eurofound.europa.eu/en/publications/2016/sixth-european-working-conditions-survey-overview-report. Acesso em: 15 dez. 2018.

[246] EUROFOUND; INTERNATIONAL LABOUR ORGANIZATION. **Working anytime, anywhere**: The effects on the world of work, Luxembourg: Publications Office of the European Union. Geneva: International Labour Office, 2017. Disponível em: http://www.ilo.org/wcmsp5/groups/public/---dgreports/---dcomm/---publ/documents/publication/wcms_544138.pdf. Acesso em: 25 jul. 2018.

Em relação à equidade, a *gig economy* também pode ter efeitos negativos na vida do trabalhador. Slee[247] relata estudos que comprovam haver um padrão de discriminação racial no uso das plataformas digitais. Verificou-se, no aplicativo Uber, maior tempo de espera e maior número de cancelamentos de viagens para passageiros negros, ou para moradores de bairros mais humildes. No aplicativo Airbnb[248], em que pessoas (denominadas anfitriãs) disponibilizam suas propriedades para aluguel temporário, é possível verificar que anfitriões não negros cobram doze por cento a mais que anfitriões negros por aluguéis equivalentes.

Ferramentas de gerenciamento de trabalho remoto também estão disponíveis para conectar profissionais de todo o mundo em busca de oportunidades de emprego flexíveis, como a plataforma SheWorks, voltada para mulheres. Em junho de 2018, em Nova Iorque, aconteceu a Cúpula Mundial dos Princípios do Empoderamento das Mulheres. Durante o evento, foi apresentada uma plataforma *online* feita para conectar mulheres em busca de oportunidades de emprego flexíveis, permitindo conciliar a maternidade com a carreira profissional. A SheWorks se define como uma empresa de impacto social que trabalha para frear o desemprego vinculado ao gênero. Para tanto, aproveita-se da tecnologia de nuvem, de algoritmos e de uma plataforma de gerenciamento de força de trabalho[249].

A plataforma de tecnologia baseada em nuvem conecta mulheres a oportunidades de emprego utilizando conceitos da *gig economy*, e ajuda as empresas a impulsionar a diversidade. A iniciativa ainda fornece ferramentas para a empresa contratar, monitorar e gerenciar as equipes distribuídas em diferentes países. A plataforma afirma que mudando a forma como o trabalho é realizado com o uso de tecnologia digital e modelos de trabalho transparentes e flexíveis, é possível interromper o ciclo de desemprego de gênero e, como consequência, haverá retenção e engajamento de mais mulheres no espaço de trabalho.

Alavancar o poder do digital de atrair mais mulheres para a força de trabalho global é um objetivo-chave para o crescimento inclusivo, não apenas nos negócios, mas para a sociedade como um todo. Todos os anos, mulheres deixam a força de trabalho porque não conseguem

---

[247] SLEE, Tom. **Uberização**: a nova onda do trabalho precarizado. Tradução: João Peres. São Paulo: Editora Elefante, 2017. p. 126-127.
[248] Para mais informações sobre o Airbnb, acesse: https://www.airbnb.com.br/host/home.
[249] Para mais informações, acesse: <https://wheresheworks.com/about-us/>.

encontrar a flexibilidade de que precisam para equilibrar trabalho e família. A plataforma SheWorks busca garantir que mulheres possam se beneficiar cada vez mais do uso de tecnologias inovadoras para se unirem à força de trabalho, e possam desempenhar um papel no desenvolvimento econômico.

Além de conectar mulheres às ofertas de trabalho, via "SheWorks Academia", a plataforma oferece acesso a treinamento e certificação, auxiliando na capacitação e desenvolvimento profissional de habilidades relacionadas à tecnologia emergente e à inovação. As oportunidades de trabalhar fora dos limites dos escritórios tradicionais são enormes. A plataforma SheWorks é um exemplo de como as novas tecnologias podem ser aplicadas de maneira inteligente para tornar os trabalhos acessíveis a mulheres que, de outra forma, seriam excluídas da força de trabalho.

4.4 TRABALHO FORÇADO

O trabalho forçado refere-se a situações em que as pessoas são coagidas a trabalhar, onde a dignidade, a igualdade, a liberdade e a legalidade são princípios ignorados; é diferente de uma mera irregularidade trabalhista. De acordo com o artigo 2-1 da Convenção n. 29 da OIT (ratificada pelo Brasil e promulgada pelo Decreto n. 41.721, de 25 de junho de 1957), trabalho forçado ou obrigatório é todo trabalho ou serviço exigido de um indivíduo sob ameaça de qualquer penalidade e para o qual ele não se ofereceu de espontânea vontade. O conceito de trabalho forçado é amplo, abrange diversas situações de coação do trabalhador e pode ocorrer em diferentes tipos de atividades econômicas[250]. Para a OIT[251], trabalho forçado, formas contemporâneas de escravidão, servidão por dívida e tráfico de pessoas são termos relacionados e abrangidos pela definição de trabalho forçado, embora não idênticos em sentido jurídico. Restrições à liberdade de circulação, retenção de documentos de identidade, violência física ou sexual, ameaças e intimidações, dívidas fraudulentas que os trabalhadores não conseguem pagar são indicadores de situações que equivalem a trabalho forçado.

---

[250] Cabe mencionar que a Convenção n. 29 da OIT prevê algumas exceções ao conceito de trabalho forçado, como o serviço obrigatório militar, a prestação de deveres cívicos, o trabalho realizado para lidar com uma situação de emergência e o trabalho prisional realizado em certas condições.

[251] ORGANIZAÇÃO INTERNACIONAL DO TRABALHO. **O que é trabalho forçado?** Disponível em: https://www.ilo.org/brasilia/temas/trabalho-escravo/WCMS_393058/lang--pt/index.htm. Acesso em: 15 dez. 2018.

A Constituição Federal de 1988, em seu artigo 5º, XIII, assegura a liberdade de exercício de ofício ou profissão. O trabalho forçado é vedado, sua imposição é um crime tipificado pelo Código Penal[252] como crime de redução à condição análoga ao de escravo. Nesse sentido, a Convenção n. 105 da OIT (ratificada pelo Brasil e promulgada pelo Decreto n. 58.822, de 14 de julho de 1966) impõe aos Estados a obrigação de abolir: o trabalho forçado como meio de coerção ou de educação política; a punição para pessoas que expressem opiniões políticas ou participem em greves; a utilização de trabalho forçado para o desenvolvimento econômico e sua realização como forma de discriminação racial, social, nacional ou religiosa.

Destaca-se iniciativa do Estado brasileiro no combate ao trabalho escravo, que criou um mecanismo de divulgação daqueles flagrados submetendo trabalhadores a essa prática. O cadastro de empregadores que tenham submetido trabalhadores a condições análogas à escravidão, também conhecido como "lista suja", foi criado pela Portaria n. 540, de 15 de outubro de 2004, do Ministério do Trabalho e Emprego. Atualmente, com a publicação da Medida Provisória 870 de 1º de janeiro de 2019, as informações sobre trabalho em condições análogas à escravidão passam a ser divulgadas pelo Ministério da Economia.

A pessoa coagida a trabalhar costuma viver em alojamento precário, com alimentação inadequada e sem assistência médica. Além disso, enfrenta jornadas de trabalho exaustivas e até maus tratos e violência física. Esse trabalhador não consegue se desvencilhar dessa situação, pois o empregador pode ter retido seus documentos e estar cobrando dívidas impagáveis, como gastos com a viagem de sua terra natal até o local da prestação do serviço, alimentação e até ferramentas de trabalho. O valor da dívida cresce a cada dia, e é descontado de seu baixo salário, com isso o trabalhador fica sem recursos para deixar o local e voltar para casa. Ainda, no caso de imigrantes, o empregador pode ameaçar denunciar o trabalhador para as autoridades e este, com medo de ser mandado de volta a seu país, permanece laborando. Um exemplo atual de trabalhador submetido a condições de escravidão pode ser uma empregada doméstica. A

---

[252] É a redação do artigo 149 do Código Penal: "Reduzir alguém a condição análoga à de escravo, quer submetendo-o a trabalhos forçados ou a jornada exaustiva, quer sujeitando-o a condições degradantes de trabalho, quer restringindo, por qualquer meio, sua locomoção em razão de dívida contraída com o empregador ou preposto: [...] § 1º Nas mesmas penas incorre quem: I – cerceia o uso de qualquer meio de transporte por parte do trabalhador, com o fim de retê-lo no local de trabalho; II – mantém vigilância ostensiva no local de trabalho ou se apodera de documentos ou objetos pessoais do trabalhador, com o fim de retê-lo no local de trabalho."

trabalhadora vive anos em "casa de família" e, por laços afetivos com seus empregadores – a família –, não consegue fazer a leitura de que aquele salário não condiz com a legislação trabalhista e que sua carga horária extrapola os limites da jornada de trabalho.

O trabalho forçado é exercido em condições degradantes, definidas por Brito Filho[253] como imposições do tomador de serviços contra a vontade do trabalhador, com prejuízos à sua liberdade, que resultam na privação de direitos mínimos. Conforme o autor, as condições degradantes de trabalho podem ser caracterizadas com base em três elementos:

> 1. a existência de uma relação de trabalho; 2. a negação das condições mínimas de trabalho, a ponto de equiparar o trabalhador a uma coisa ou a um bem; 3. a imposição dessas condições contra a vontade do trabalhador, ou com a anulação sua vontade, por qualquer circunstância que assim o determine. [254]

Considerando os elementos que Brito Filho aponta como caracterizadores de trabalho degradante e o conceito de trabalho forçado adotado pela OIT, cabe uma reflexão sobre uma nova profissão que se relaciona a maioria dos usuários de redes sociais, os "revisores de conteúdo", pessoas contratadas para analisar publicações de usuários e decidir se o conteúdo é impróprio e deve ser excluído/bloqueado. Conforme matéria de 2018 divulgada pelo jornal português Expresso[255], que entrevistou revisores de conteúdo contratados pela empresa Accenture[256] para analisar publicações de usuários do Facebook, a maioria dos trabalhadores possui entre 20 e 30 anos e são contratados remotamente. Após duas semanas de formação, esses trabalhadores passam a analisar conteúdos publicados, tendo, na maioria das vezes, apenas 10 segundos para tomar decisões. Esses trabalhadores relatam receber baixos salários e terem que registrar em num programa específico todas as vezes que deixam sua estação de trabalho, além de reportar o motivo do afastamento.

---

[253] BRITO FILHO, José Claudio Monteiro de. **Trabalho Decente**: Análise Jurídica da Exploração do Trabalho: Trabalho Escravo e Outras Formas de Trabalho Indigno. 5. ed. São Paulo: LTr, 2018. p. 99.

[254] *Ibidem*, p. 101.

[255] BOURBON, Maria João. Como funciona em Lisboa o mundo secreto dos revisores de conteúdos do Facebook. **Expresso**, 6 maio 2018, Paço de Arcos (Portugal). Disponível em: https://expresso.pt/sociedade/2018-05-06-Como-funciona-em-Lisboa-o-mundo-secreto-dos-revisores-de-conteudos-do-Facebook#gs.46zfgo. Acesso em: 20 maio 2018.

[256] A Accenture é uma empresa que presta serviços de estratégia empresarial, consultoria, digital, tecnologia e operações para clientes de mais de 120 países. Para mais informações sobre a empresa, acesse: https://www.accenture.com/br-pt.

Ainda segundo a reportagem, quando se candidataram à vaga de emprego, os trabalhadores não tinham clareza sobre as atividades a serem desempenhadas, e relatam que foram informados por telefone que o trabalho envolveria "conteúdo sensível" e foram questionados sobre se isso constituía um problema. Já contratados, os trabalhadores relatam que iniciavam suas atividades analisando conteúdos alegadamente "menos violentos", como ofensas em comentários, fotografias ou vídeos de acidentes, publicações terroristas ou mutilação de animais. Caso se deparassem com algum conteúdo mais agressivo, poderiam recusar fazer a análise. No entanto, se diariamente 98% dos itens avaliados por um revisor estivessem corretamente classificados, este passava automaticamente para a equipe de "Prioridade Máxima", encarregada de avaliar conteúdos mais sensíveis, como automutilação, suicídio, *bullying*, entre outros.

Um exemplo mais claro de trabalho forçado que é "oportunizado" pela mobilidade das novas formas de prestação de serviço, com efeitos prejudiciais relacionados até mesmo ao trabalho infantil é apresentado por Stefano. As chamadas *gold farming* consistem em um tipo de trabalho virtual em que o trabalhador é remunerado para procurar tesouros em jogos *online* para outros jogadores. Segundo Stefano[257], o risco de que existam "oficinas de caça ao tesouro" ou outras formas de trabalho forçado virtual, inclusive executado por crianças, não pode ser subestimado. O trabalho forçado virtual já é uma realidade, como demonstra a manchete de 2011 extraída do jornal The Guardian:

> A China usou prisioneiros em trabalho lucrativo em jogos de internet. Os detidos em campos de trabalho sofrem com o trabalho árduo durante o dia, a 'plantação de ouro' *online* à noite.[258] (tradução nossa).

O autor Stefano[259] alerta para o risco de que esses locais de exploração de trabalho forçado virtual não sejam detectados por meio de instrumentos existentes destinados a combater o trabalho forçado – como os códigos de

---

[257] STEFANO, Valerio de. **The rise of the "just-in-time workforce"**: on-demand work, crowdwork and labour protection in the "gig-economy". Geneva: ILO, 2016. p. 10. Disponível em: http://www.ilo.org/wcmsp5/groups/public/---ed_protect/---protrav/---travail/documents/publication/wcms_443267.pdf . Acesso em: 25 jul. 2018.

[258] "China used prisoners in lucrative internet gaming work. Labour camp detainees endure hard labour by day, online 'gold farming' by night." (VINCENT, Danny. China used prisoners in lucrative internet gaming work. **The Guardian**, Beijing, 25 maio 2011. Disponível em: https://www.theguardian.com/world/2011/may/25/china-prisoners-internet-gaming-scam. Acesso em: 20 dez. 2018).

[259] "For instance, codes of conduct and monitoring mechanisms regarding supply chains do not normally focus on this potential expression of forced labour." (STEFANO, *op. cit.*, p. 10).

conduta e os mecanismos de monitoramento das cadeias de suprimentos – uma vez que tais instrumentos não se concentram nessa expressão potencial do trabalho forçado.

4.5 TRABALHO INFANTIL

A Convenção sobre os Direitos da Criança foi adotada pela Assembleia Geral da ONU em 20 de novembro de 1989 e promulgada pelo Brasil em 21 de novembro de 1990, por meio do Decreto n. 99.710. Conforme o artigo 32.1 da referida Convenção[260], os Estados Partes reconhecem o direito da criança de ser protegida contra a exploração econômica e contra a realização de qualquer trabalho que possa ser perigoso ou interferir em sua educação, ou que seja prejudicial para sua saúde ou para seu desenvolvimento físico, mental, espiritual, moral ou social.

Para que seja possível uma conceituação de trabalho infantil, é necessário levar em consideração as Convenções da OIT n. 138 (ratificada pelo Brasil e promulgada pelo Decreto n. 4.134, de 15 de fevereiro de 2002) e n. 182 (ratificada pelo Brasil e promulgada pelo Decreto n. 3.597, de 12 de setembro de 2000). Tais Convenções trazem elementos que permitem classificar o trabalho como lícito ou ilícito, ou ainda permitido e não permitido.

A Convenção n. 138 da OIT estabelece que todo país que a ratifica deve especificar, em declaração, a idade mínima para admissão ao emprego ou trabalho em qualquer ocupação. A idade mínima, de acordo com o §3º do artigo 2º da referida Convenção, não deve ser inferior à idade de conclusão da escolaridade compulsória ou, em qualquer hipótese, não inferior a quinze anos. No entanto, o §4º do mesmo artigo faz uma ressalva para o caso em que a economia e as condições do ensino do País-Membro não estejam suficientemente desenvolvidas, hipótese em que a idade mínima para o trabalho poderá ser de quatorze anos, cumpridas condições elencadas na Convenção. Destaca-se que a Convenção n. 138 da OIT não considera trabalho infantil aquele prestado em estabelecimentos empresariais ou propriedades familiares, ressaltando apenas que os serviços prestados por crianças e adolescentes nessas circunstâncias não podem e nem devem prejudicar os estudos, nem tampouco podem ser nocivos, periculosos ou prejudiciais ao desenvolvimento físico e mental do menor, como também não podem atentar contra a sua honra, moral e dignidade.

---

[260] BRASIL. Decreto n. 99.710, 21 de novembro de 1990. **Planalto**. Disponível em: http://www.planalto.gov.br/ccivil_03/decreto/1990-1994/D99710.htm. Acesso em: 20 dez. 2018.

A Convenção n. 182 da OIT estabelece, em seu artigo 1º, que Todo Estado-membro que a ratificar deve adotar medidas imediatas e eficazes que garantam a proibição e a eliminação das piores formas de trabalho infantil, listadas no artigo 3º:

> Para os fins desta Convenção, a expressão as piores formas de trabalho infantil compreende:
> a) todas as formas de escravidão ou práticas análogas à escravidão, comovenda e tráfico de crianças, sujeição por dívida, servidão, trabalho forçado ou compulsório, inclusive recrutamento forçado ou obrigatório de crianças para serem utilizadas em conflitos armados;
> b) utilização, demanda e oferta de criança para fins de prostituição, produção de pornografia ou atuações pornográficas;
> c) utilização, recrutamento e oferta de criança para atividades ilícitas, particularmente para a produção e tráfico de entorpecentes conforme definidos nos tratados internacionais pertinentes;
> d) trabalhos que, por sua natureza ou pelas circunstâncias em que são executados, são suscetíveis de prejudicar a saúde, a segurança e a moral da criança.[261]

O texto estabelece, ainda, atividades que, por sua natureza ou pelas condições em que são realizadas, são suscetíveis de prejudicar a saúde, a segurança ou a moral dos menores, e que deverão ser determinadas por uma comissão tripartite que, no caso brasileiro, elaborou uma lista de atividades, contempladas pela Portaria n. 20/2001, da Secretaria de Inspeção do Trabalho, do Ministério do Trabalho e Emprego, que discriminou 81 condições de trabalho consideradas insalubres ou perigosas, nas quais o trabalho do menor de 18 anos é proibido.

O Brasil, além de ratificar as convenções internacionais, possui legislação própria sobre o trabalho infantil, a exemplo do art. 7º, inciso XXXIII da Constituição Federal, que proíbe o trabalho noturno, perigoso ou insalubre a menores de 18 anos e de qualquer trabalho a menores de dezesseis anos, salvo na condição de aprendiz, a partir de quatorze anos. Merecem ser mencionados, também, o art. 227 da Constituição Federal – que dispõe sobre os deveres da família, da sociedade e do Estado para com a criança, o adolescente e o jovem –, os artigos 60 a 69 e 248 do Estatuto da Criança e do Adolescente (Lei n. 8.069, de 13 de julho de 1990) – que dispõem sobre

---

[261] BRASIL. Decreto n. 3.597, de 12 de setembro de 2000. Planalto. Disponível em: http://www.planalto.gov.br/ccivil_03/decreto/D3597.htm. Acesso em: 25 jun. 2018.

o direito à profissionalização e à proteção no trabalho –, e o Capítulo IV da Consolidação das Leis do Trabalho (CLT) – que dispõe sobre a proteção do trabalho do menor.

Com o avanço das novas tecnologias, o acesso à internet ficou facilitado, inclusive para o público infantil, que é atraído por jogos *online*. Nesse sentido, Stefano alerta que "crianças com acesso à internet podem ser atraídas para executar atividades *online* remuneradas com dinheiro ou também créditos para jogos *online* ou em plataformas" [262], a exemplo da já citada *gold farming*. O trabalho infantil em plataformas de jogos *online* é de difícil detecção, pois as possibilidades de contornar os instrumentos tradicionais de combate ao emprego ilegal de crianças são ainda maiores. A exploração da mão de obra infantil em jogos *online* vem disfarçada de diversão e competitividade, em um mundo cheio de personagens e histórias fantasiosas que mergulham a criança em um universo mágico, mas que esconde o perigo real do trabalho infantil.

4.6 TRABALHO EM CONDIÇÕES DE SEGURIDADE E TRABALHO VERDE DIGITAL

Há hoje a necessidade de se criar sistemas sociais e econômicos que garantam segurança básica e emprego, ao mesmo tempo que sejam capazes de adaptação em circunstâncias variáveis em um mercado global altamente competitivo. Para que haja trabalho decente em condições de seguridade, tem-se a necessidade de garantir "segurança básica e emprego, protegendo-se o trabalhador contra vulnerabilidades no trabalho, como a doença, a velhice e o desemprego"[263]. Sobre o trabalho em condições de seguridade, Barzotto[264] destaca os princípios das Convenções n. 155 sobre segurança e saúde dos trabalhadores e Convenção n. 161 (ratificada pelo Brasil e promulgada pelo Decreto n. 127, de 22 de maio de 1991) sobre serviços

---

[262] "Children with access to the internet may be lured to execute working activities online that are remunerated with money or also credits to be spent for online games or on platforms (STEFANO, Valerio de. **The rise of the "just-in-time workforce"**: on-demand work, crowdwork and labour protection in the "gig-economy". Geneva: ILO, 2016. p. 10. Disponível em: http://www.ilo.org/wcmsp5/groups/public/---ed_protect/---protrav/---travail/documents/publication/wcms_443267.pdf . Acesso em: 25 jul. 2018).

[263] GOSDAL, Thereza Cristina. Principais Instrumentos de Direitos Humanos e o Trabalho Decente. *In:* CAVALCANTE, Jouberto de Quadros Pessoa; VILLATORE, Marco Antônio César (coord.). **Direito internacional do trabalho e a Organização Internacional do Trabalho**: trabalho decente. São Paulo: LTr, 2017. p. 50.

[264] BARZOTTO, Luciane Cardoso. **direitos humanos e trabalhadores**: atividade normativa da Organização Internacional do Trabalho e os limites do Direito Internacional do Trabalho. 2015. Tese (Doutorado em Direito) – Curso de Direito, Universidade Federal do Paraná, Paraná, 2015, p. 206-207.

de saúde no trabalho, além da Convenção n. 102 (aprovada pelo Decreto Legislativo n. 269, de 19 de setembro de 2008, do Congresso Nacional), sobre seguridade social.

A proteção social dos trabalhadores digitais também é um desafio a ser superado. Muitos desses trabalhadores estão em situação de informalidade e, caso adoeçam ou atinjam a idade de aposentadoria, merecem amparo. Uma pesquisa realizada pela OIT[265] sobre as condições de trabalho em plataformas digitais apontou a necessidade de adaptação dos sistemas de proteção social para contemplar esses trabalhadores digitais, sugerindo a adoção de três critérios: (1) adaptar os mecanismos de seguridade social para abranger os trabalhadores em todas as formas de emprego, independentemente do tipo de contrato; (2) usar a tecnologia para simplificar a contribuição e os pagamentos de benefícios; (3) instituir e fortalecer mecanismos financiados por impostos.

Em relação ao primeiro critério, a sugestão é no sentido de que sejam elaboradas políticas que esclareçam a natureza da relação de trabalho e sejam definidos direitos e responsabilidades das plataformas em relação aos trabalhadores. O segundo critério traz a proposta de utilizar a tecnologia para facilitar a contribuição previdenciária dos trabalhadores digitais, que muitas vezes são cadastrados em inúmeras plataformas ao mesmo tempo, cada uma sediada em um país diferente. O terceiro critério sugere um piso de proteção social, financiado por impostos, que garanta um nível básico de proteção para esses trabalhadores.

Trabalho decente em condições de segurança também diz respeito à necessidade de proteção da saúde física e mental do trabalhador, tema intrinsecamente associado ao meio ambiente do trabalho. O meio ambiente do trabalho é parte integrante e importante do meio ambiente considerado em sua totalidade, refletindo a melhora deste no meio ambiente em geral. Como o meio ambiente é diretamente vinculado ao direito à vida, o direito ao meio ambiente equilibrado é um direito fundamental e está vinculado à noção de solidariedade e dignidade humana representando, ao mesmo tempo, pressuposto e síntese das demais gerações ou dimensões de direitos humanos.[266]

---

[265] INTERNATIONAL LABOUR ORGANIZATION. **Digital labour platforms and the future of work**: Towards decent work in the online world International Labour Office. Geneva: ILO, 2018. p. 109-111. Disponível em: https://www.ilo.org/wcmsp5/groups/public/---dgreports/---dcomm/---publ/documents/publication/wcms_645337.pdf. Acesso em: 20 dez. 2018.

[266] BARZOTTO, Luciane Cardoso. Trabalho decente e sustentável. *In:* **Anais do 12 Congresso de Stress da ISMA -BR**, Porto Alegre, 2012.

A efetividade do ordenamento jurídico ocorre quando valores são compartilhados em pautas comuns de proteção: ambiente e trabalho são bens a serem protegidos e implementados nos Estados Democráticos de Direito. Dessa forma, não se atinge o ideal de trabalho decente quando o meio ambiente está limpo, mas o homem está poluído. A concretização da proteção do trabalhador e do meio ambiente ocorre na dimensão horizontal dos direitos humanos: necessitam da sensibilização da sociedade e em especial dos empregadores, que podem considerar que a saúde de seus empregados, ao ser tutelada, reverte em benefício de todos.[267]

Essa afirmação implica a mudança de paradigma, uma vez que as sociedades deverão passar por uma transformação rumo a um desenvolvimento tecnológico limpo e a economias verdes em todo o mundo. Para compreender esse "mecanismo de transformação" é necessário pensar as causas que motivam esse processo. A OIT[268] aponta os empregos verdes como uma solução para dois desafios do século XXI: evitar as mudanças climáticas[269] em decorrência da degradação ambiental sem impedir o desenvolvimento econômico e social capaz de proporcionar bem-estar e dignidade para todos.

A degradação provocada pelas atividades econômicas, quando executadas sem a inclusão do fator ambiental no seu planejamento, pode ser tão extrema ao ponto de modificar os padrões climáticos de determinadas regiões, forçando comunidades locais a se deslocarem em busca de melhores condições de vida.[270] O desafio que se impõe é frear esse processo, e uma das soluções é a transição para uma economia mais sustentável, capaz de gerar riqueza a partir de atividades que representem uma alternativa favorável para o meio ambiente e o desenvolvimento econômico. É necessário pensar

---

[267] *Ibidem.*

[268] PNUMA; OIT; OIE; CSI. **Empregos verdes**: rumo ao trabalho decente em um mundo sustentável e com baixas emissões de carbono. Brasília, 2009, p. 1. Disponível em: http://www.ilo.org/brasilia/publicacoes/WCMS_229627/lang--pt/index.htm. Acesso em: 3 jul. 2018.

[269] As mudanças climáticas podem ser entendidas como alterações significativas nos padrões de temperatura, regime de chuvas e outros eventos climáticos, podendo ter como consequência a intensificação de fenômenos naturais (furacões, secas prolongadas, enchentes, derretimento de glaciais).

[270] A Organização Internacional para Migração aponta essas pessoas forçadas ao deslocamento, dentro ou fora de seu país de cidadania, como refugiadas ambientais. Refugiados ambientais são pessoas ou grupos de pessoas que, por motivos imperiosos de mudança súbita ou progressiva no ambiente que afetam negativamente a vida ou as condições de vida, são obrigados a deixar sua residência habitual, ou optar por fazê-lo, temporária ou permanentemente, e que se movem tanto no seu país ou no estrangeiro (ORGANIZACIÓN INTERNACIONAL PARA LAS MIGRACIONES. **Diálogo Internacional sobre la Migración n. 10:** Seminario De Expertos: Migración y Medio Ambiente. 2008. Disponível em: https://publications.iom.int/es/books/dialogo-internacional-sobre-la-migracion-no-10-seminario-de-expertos-migracion-y-medio . Acesso em: 3 jul. 2018).

em desenvolvimento sustentável[271], conceito que implica a compreensão da solidariedade intergerações. Cabe ressaltar que pensar desenvolvimento sustentável exige atenção à dimensão social, especialmente quanto às implicações para o emprego e o trabalho decente.

Relembra-se o conceito de trabalho decente para a OIT: respeito aos direitos no trabalho, promoção do emprego produtivo e de qualidade, extensão da proteção social e fortalecimento do diálogo social.[272] Unindo esse conceito à necessidade de pensar estratégias para um desenvolvimento econômico e tecnológico em consonância com a preservação ambiental, surgem os "empregos verdes", definidos como postos de trabalho decentes que contribuem para melhorar/preservar a qualidade ambiental[273]. Os empregos considerados verdes envolvem atividades que ajudam a reduzir o consumo de energia e matérias-primas, pois contam com estratégias para redução das emissões de gases de efeito estufa[274], minimizando ou evitando a geração de resíduos e poluição, protegendo a biodiversidade e restaurando os serviços ambientais.

O trabalhador que utiliza tecnologias da informação e comunicação para desenvolver suas atividades evita deslocamentos e consumo de papel, por exemplo. Dessa forma, contribui para minimizar as emissões de gases de efeito estufa na atmosfera, podendo ser considerado um "trabalhador verde". No entanto, é necessário estar atento às condições de trabalho, uma vez que, como já evidenciado neste capítulo, a digitalização do trabalho pode ocorrer em condições de precariedade e baixa renda. O meio ambiente de trabalho a que o empregado está submetido deve ser considerado, para que se garanta o respeito à dignidade do trabalhador.

4.7 TRABALHO DECENTE EM PLATAFORMAS DIGITAIS

Uma das transformações mais proeminentes no mundo do trabalho durante a última década é o surgimento de plataformas de trabalho digital. Algumas dessas plataformas de mão de obra digital são *web-based* (termo

---

[271] Segundo a ONU, desenvolvimento sustentável significa suprir as necessidades das gerações presentes sem comprometer a capacidade das gerações futuras de atenderem suas necessidades (UNITED NATIONS. **Report of the World Commission on Environment and Development**. Estocolmo, 1987. Disponível em: https://sustainabledevelopment.un.org/content/documents/5987our-common-future.pdf. Acesso em: 3 out. 2018).

[272] ORGANIZAÇÃO INTERNACIONAL DO TRABALHO. **Empregos verdes no Brasil**: quantos são, onde estão e como evoluirão nos próximos anos. Brasília, 2009. Disponível em: http://www.ilo.org/brasilia/publicacoes/WCMS_229625/lang--pt/index.htm. Acesso em: 3 jul. 2018.

[273] *Ibidem*.

[274] Os gases de efeito estufa (GEE) impedem ou diminuem a capacidade de o planeta perder calor, mantendo a atmosfera aquecida. O excesso de GEE na atmosfera causa o aumento da temperatura na Terra, a exemplo do dióxido de carbono (CO_2) e do metano (CH_4).

utilizado em referência a sistemas que podem ser operados a qualquer hora e em qualquer lugar, desenvolvidos totalmente em plataforma WEB/Internet), atribuindo tarefas à multidão (*crowdworkers*) ou diretamente a indivíduos. Nesse tipo de plataforma, o trabalho é dividido em microtarefas, sendo cada microtarefa "leiloada" entre os trabalhadores cadastrados na plataforma. Outras plataformas de mão de obra digital são *local-based* (baseadas em localização) ou *app-based* (baseada em aplicativo), em que a maioria das tarefas é dada a indivíduos. Nessa categoria, entram serviços de transporte (como Uber e Cabify), entrega (como iFood), serviços domésticos (como Parafuzo) e serviços especializados (como a SheWorks!).

Em 2018, a OIT[275] publicou os resultados de uma pesquisa sobre as condições de trabalho abrangendo 3.500 trabalhadores de 75 países que trabalham em plataformas de microtarefas (*crowdwork*), com dados coletados entre 2015 e 2017. As plataformas de microtarefas conectam empresas e clientes a uma grande lista de trabalhadores que se oferecem para a conclusão de tarefas pequenas, principalmente de escritório, que podem ser realizadas remotamente usando um computador e conexão de internet. Os clientes da plataforma publicam anúncios de tarefas em massa que precisam de conclusão; os trabalhadores selecionam as ofertas e são remunerados por cada tarefa individual ou trabalho concluído. As plataformas pagam aos trabalhadores o preço indicado pelo cliente/empresa, subtraída a taxa de intermediação.

A pesquisa intitulada *Digital labour platforms and the future of work: Towards decent work in the online world* (Plataformas de trabalho digital e o futuro do trabalho: Rumo ao trabalho decente no mundo *online*) fornece um estudo comparativo de condições de trabalho em plataformas de microtarefas[276], abordando temas como: taxas de remuneração, disponibilidade de trabalho, intensidade de trabalho, rejeições e não pagamento pela tarefa

---

[275] INTERNATIONAL LABOUR ORGANIZATION. **Digital labour platforms and the future of work**: Towards decent work in the online world International Labour Office. Geneva: ILO, 2018. Disponível em: https://www.ilo.org/wcmsp5/groups/public/---dgreports/---dcomm/---publ/documents/publication/wcms_645337.pdf. Acesso em: 20 dez. 2018.

[276] Tendo em vista que o estudo realizado pela OIT contempla apenas as plataformas digitais de microtarefas, e foi realizado com trabalhadores vinculados a cinco plataformas, optamos por não analisar os resultados da referida pesquisa por entendermos que a abordagem pretendida nesta obra é mais ampla, abrangendo as plataformas de trabalho digital de forma geral. No entanto, entendemos que os 18 princípios propostos pela pesquisa são aplicáveis a qualquer trabalhador de plataforma digital, razão pela qual serão analisados nesta obra. De toda sorte, recomendamos a leitura da pesquisa de forma integral, visto que traz dados bastante pertinentes para o entendimento dessa nova modalidade de prestação de serviço, além de apresentar um perfil detalhado sobre quem são esses trabalhadores.

concluída, comunicação do trabalhador com clientes e com operadores da plataforma, cobertura de proteção social, e os tipos de trabalho realizados. Os resultados da pesquisa apontam benefícios e desvantagens do trabalho realizado por meio de plataformas digitais, além de sugerir 18 princípios para melhorar as condições de trabalho desses trabalhadores, apresentados no quadro abaixo[277].

Quadro 2 - 18 princípios para melhorar as condições de trabalho em plataformas de trabalho digital

1. Emprego	Muitos trabalhadores de plataforma são classificados como autônomos por força do contrato com a plataforma, no entanto apresentam características de subordinação e são penalizados se recusarem o chamado da plataforma. Trabalhadores que, na prática, são empregados, assim devem ser classificados.
2. Liberdade de associação	Os trabalhadores enfrentam dificuldade para terem seus anseios ouvidos pelos operadores de plataforma, pois não têm representação coletiva. É necessário garantir o direito de livre associação a sindicatos e possibilitar a negociação coletiva.
3. Salário	A remuneração pelo trabalho deve ser calculada com base em padrões claros e pré-estabelecidos, em conformidade com a legislação trabalhista, respeitado o salário-mínimo.
4. Transparência no pagamento e na cobrança de taxas	Os trabalhadores devem receber o valor total pelo qual os clientes são cobrados, em moeda corrente. Os trabalhadores não devem pagar para trabalhar, logo as taxas de intermediação não devem ser aplicadas.
5. Flexibilidade para recusar tarefas	Os trabalhadores não devem ser penalizados por recusarem algumas tarefas oferecidas ou por recusarem trabalhar em determinados horários.
6. Perdas decorrentes de problemas técnicos da plataforma	As plataformas devem ter um processo de relato de incidentes. Em caso de problemas técnicos com a tarefa ou plataforma, os trabalhadores não devem pagar o custo pelo tempo perdido ou pelo trabalho não realizado.
7. Critérios de não-pagamento	Devem ser estabelecidas regras claras em relação à opção de não pagamento pelo cliente. Os trabalhadores devem ter o direito de contestar o não pagamento, e tal contestação deve ser analisada por um operador (humano) da plataforma.

---

[277] INTERNATIONAL LABOUR ORGANIZATION. **Digital labour platforms and the future of work**: Towards decent work in the online world International Labour Office. Geneva: ILO, 2018. p. 105-109. Disponível em: https://www.ilo.org/wcmsp5/groups/public/---dgreports/---dcomm/---publ/documents/publication/wcms_645337.pdf. Acesso em: 20 dez. 2018.

8. Compreensão dos termos de serviço	Assegurar que os termos de serviço sejam apresentados ao trabalhador de forma clara. Esses termos devem incluir o pagamento da tarefa, o tempo que o cliente levará para pagar pelo trabalho e, quando permitido, quais são as condições em que ocorre o não-pagamento.
9. Acesso à avaliação realizada por clientes	As avaliações e classificações dos trabalhadores não devem se basear nas taxas de não-pagamento, pois isso não necessariamente significa má prestação de serviço. Os trabalhadores devem ter acesso às justificativas para uma avaliação negativa. Comentários negativos sem motivos válidos devem ser removidas do histórico de avaliação do trabalhador.
10. Código de conduta e mecanismos de denúncia	Na ausência de acordos de negociação coletiva, as plataformas devem elaborar códigos de conduta para seus membros. As plataformas devem demonstrar a aplicação desses códigos, que devem proibir assédio ou conduta não profissional, além de estabelecer procedimentos para a denúncia de violações do código de conduta, com possibilidade de resposta do denunciado. Ainda, a plataforma deve ter mecanismo de suspenção ou encerrando de conta de reincidentes.
11. Capacidade de contestação dos trabalhadores	As plataformas devem garantir que os trabalhadores tenham a capacidade de contestar o não pagamento, as avaliações negativas, os resultados de testes de qualificação, as acusações de violações do código de conduta e os encerramentos de contas.
12. Acesso à avaliação e ao histórico do cliente	As plataformas devem estabelecer um sistema de avaliação do cliente que seja tão abrangente quanto o sistema de avaliação do trabalhador. Os trabalhadores devem poder avaliar os clientes, tendo acesso a avalições realizadas por outros trabalhadores sobre esse mesmo cliente.
13. Instruções sobre as tarefas a serem realizadas	No caso de *crowdworkers*, que são pagos por tarefas, as plataformas devem garantir que as instruções da tarefa sejam claras e foram validadas antes da postagem de qualquer trabalho. Isso reduzirá a probabilidade de avaliação do trabalho como insatisfatório com consequente falta de pagamento.
14. Acesso ao histórico do trabalhador	Deve ser possível aos trabalhadores visualizar e exportar, a qualquer momento, um histórico completo de trabalho e reputação (incluindo informações de pagamentos recebidos para fins de tributação) que permita a formação de um "currículo".
15. Possibilidade de fidelizar clientes	Deve ser permitido aos trabalhadores continuem uma relação de trabalho com um cliente fora da plataforma. Para tanto, devem existir políticas especificando condições justas e razoáveispara deixar a plataforma sem necessidade de pagamento de taxa; ou uma política de desativação com taxas parametrizadas.

16. Comunicação entre as partes	A plataforma deve assegurar um processo transparente e ágil de comunicação entre os trabalhadores e os clientes e operadores da plataforma respondam às comunicações dos trabalhadores de maneira rápida, educada e substantiva.
17. Conheça seu cliente	No caso de *crowdworkers*, existe a possibilidade de o cliente exigir sigilo quanto à prestação de serviço, caso em que os operadores da plataforma devem contatar o cliente para divulgar informações mínimas. Caso o sigilo não seja necessário, os trabalhadores devem ser informados sobre a identidade de seus clientes e o propósito do trabalho.
18. Segurança emocional/ psicológica	As plataformas devem garantir que tarefas que possam ser psicologicamente estressantes e/ou prejudiciais (por exemplo, revisão de conteúdo de redes sociais) sejam claramente rotuladas pelos operadores da plataforma como conteúdo sensível. Os trabalhadores submetidos a essas tarefas devem ter acesso a aconselhamento ou apoio pago pelo cliente e / ou plataforma.

Fonte: adaptado de INTERNATIONAL LABOUR ORGANIZATION[278]

A pesquisa realizada pela OIT chamou a atenção para muitos desafios enfrentados pelos trabalhadores de plataformas digitais, mas também mostrou que é possível proporcionar melhores condições de trabalho para essas pessoas. Como ponto de partida, é importante que esses trabalhadores da *gig economy* sejam reconhecidos, para que tenham garantida sua dignidade e assegurados seus direitos, sejam eles classificados como empregados, autônomos ou uma terceira categoria (a exemplo da parassubordinação). As plataformas digitais representam uma oportunidade de reinserção no mercado de trabalho para muitos trabalhadores, mesmo que temporariamente. Dessa forma, uma abordagem baseada em princípios para melhorar as condições de trabalho, a exemplo da proposta da OIT, pode ser um importante passo na trilha para o trabalho decente em meio ambiente digital, levando a sociedade a realizar o ideal de desenvolvimento sustentável. Nesse sentido caminham os 193 Estados-Membros da Organização das Nações Unidas que, em setembro de 2015, estabeleceram 17 objetivos para o desenvolvimento sustentável, a serem alcançados até 2030, incluindo o trabalho decente e o crescimento econômico.

---

[278] INTERNATIONAL LABOUR ORGANIZATION. **Digital labour platforms and the future of work:** Towards decent work in the online world International Labour Office. Geneva: ILO, 2018. p. 105-109. Disponível em: https://www.ilo.org/wcmsp5/groups/public/---dgreports/---dcomm/---publ/documents/publication/wcms_645337.pdf. Acesso em: 20 dez. 2018.

Figura 2 - os 17 objetivos de desenvolvimento sustentável

Fonte: Rede Brasil do Pacto Global[279]

    Promover o crescimento econômico sustentado, inclusivo e sustentável, emprego pleno e produtivo, e trabalho decente para todos é o 8º objetivo da Agenda 2030, que abrange alcançar o emprego pleno e produtivo e trabalho decente, além da necessidade de erradicar o trabalho forçado, assegurar a proibição e eliminação das piores formas de trabalho infantil, proteger os direitos trabalhistas e promover ambientes de trabalho seguros e protegidos para todos os trabalhadores, incluindo pessoas em empregos precários.

---

[279] NAÇÕES UNIDAS. Brasil. Os Objetivos de Desenvolvimento Sustentável no Brasil. Disponível em: https://brasil.un.org/pt-br/sdgs . Acesso em: 24 jan. 2024.

5

CONCLUSÃO

A digitalização transforma todos os setores da sociedade e da economia e afeta também o trabalho e o emprego. Novas realidades no mundo do trabalho envolvem conceitos da indústria 4.0, da economia do compartilhamento, da *gig economy* e da plataformização do trabalho.

A indústria 4.0 traz mudanças no paradigma produtivo, com potencial de aumentar a eficiência das empresas e promover a qualidade do trabalho e do emprego. Trata-se de um sistema autônomo, em que as coisas, os objetos, as pessoas, os processos, todos se comunicam entre si. A economia do compartilhamento pressupõe a colaboração entre diferentes atores, em que a troca de informações é facilitada, os bens são disponibilizados para uso temporário e os serviços são oferecidos em um mercado aberto e acessível a todos. A *gig economy* revela a tendência da fragmentação das empresas e do trabalho, uma vez que o produto final da atividade empresarial é composto pelo esforço de inúmeros trabalhadores espalhados pelo mundo, cada um realizando uma tarefa (parte de uma atividade maior) para uma empresa diferente. Essas tarefas são publicadas em plataformas de trabalho digital, acessíveis por meio de endereços eletrônicos ou aplicativos conectados à internet, nos quais o trabalhador se cadastra e oferece sua força de trabalho.

A quarta revolução industrial conta com novos equipamentos tecnológicos que integram informações que nascem na fábrica e vão até o consumidor final desses produtos, e mais, fecha o ciclo da sustentabilidade ao olhar para a redução de custo e utilização correta dos recursos naturais e energia. Essa mudança está baseada em pilares tecnológicos como computação em nuvem, *big data*, mobilidade, segurança e internet das coisas. Esses pilares estruturam a captura, integração e compartilhamento de informações. A indústria 4.0 não está limitada dentro da própria empresa, ela é um conjunto (um ecossistema) que integra todas as cadeias de valor e que permite que se tenha um benefício coletivo para aqueles que se inserem nesse novo processo. Exemplifica-se: os investimentos em infraestrutura, segurança e comunicação são altos, o que dificultaria o acesso de micro e pequenas empresas à tecnologia. A partir do momento em que é possível ter serviços compartilhados, como a computação em nuvem, o acesso à tecnologia avançada é facilitado a todos, inclusive a micro e pequenas empresas.

O conceito de *big data* envolve a integração vertical de informações dentro da empresa, ou seja, a integração dos sistemas internos. Com isso, é possível, por exemplo, coletar informações de consumo de energia, capacidade produtiva do maquinário, gerando uma grande base de informações a serem processadas para a tomada de decisão da empresa em relação à manutenção preventiva, melhoria de produção e eficiência. Essas informações já existiam antes dos avanços tecnológicos, porém não se dava a devida atenção a esses dados. Inicia-se a integração horizontal: o uso da tecnologia para aumentar a competitividade, obter aumento de faturamento, melhor exposição de produto e outras formas de se relacionar com sua cadeia de valor (fornecedores, clientes, concorrentes etc.). Percebe-se que já é passado a crença de que a tecnologia vai apenas ocupar o espaço do trabalho bruto, pois já ocupa o espaço do trabalho intelectual, como se percebeu no exemplo da Estônia, em que robôs irão julgar demandas judiciais. Aos seres humanos, caberá exercer profissões mais especializadas, o que revela a necessidade de maior qualificação do trabalhador.

O Direito foi atingido por uma onda de avanço tecnológico, que trouxe consigo o desafio de acoplar diferentes estruturas: meio ambiente, tecnologia e expressão cultural. O resultado desse acoplamento é o meio ambiente digital, que não deve ser entendido como uma estrutura fixa, mas sim como um conceito mutável, que ainda está se desenvolvendo e evoluindo. E quando o meio ambiente digital entra em contato com o mundo do trabalho, tem-se uma provocação ao Direito. Surge o trabalhador digital, o que exige uma resposta do Direito, a qual deve se basear em um novo olhar sobre esse trabalhador, pois ele não consegue se encaixar nas definições de trabalhador existentes. E nem deve. É preciso "sair da caixa" para que se estenda a esse trabalhador o guarda-chuva protetivo do Direito do Trabalho, e para atingir esse objetivo é necessário fazer uso de conhecimentos multidisciplinares e transdisciplinares. Propõe-se trazer para o Direito do Trabalho alguns princípios do Direito Ambiental, pois acredita-se que é por meio da preservação do meio ambiente que se atingirá o ideal do trabalho decente.

O princípio do direito ao meio ambiente ecologicamente equilibrado prevê que as alterações no meio ambiente, necessárias para o desenvolvimento social e econômico, tenham seus impactos reduzidos ao mínimo possível. O meio ambiente em que o trabalhador desempenha suas atividades é o meio ambiente de trabalho; é direito fundamental do trabalhador a manutenção desse ambiente sadio e equilibrado, inclusive no contexto da digitalização. O princípio da solidariedade com o futuro atribui à coletividade a responsabilidade por viabilizar a existência da vida no planeta no presente e para as próximas gerações. Essa responsabilidade para com o futuro é exigida dos cidadãos, das empresas e dos governos. Os princípios da precaução e da prevenção são importantes instrumentos para lidar com os riscos conhecidos e as incertezas trazidas pela inovação tecnológica. Já se sabe que a conexão ilimitada e constante do trabalhador afeta seu direito ao descanso, e isso impacta na sua saúde, mas ainda não se tem certeza sobre todos os efeitos das tecnologias no mundo do trabalho, até porque ainda não se conhecem todos os efeitos, visto que estamos no meio desse processo evolutivo. A não adoção de medidas de precaução ou prevenção implica, necessariamente, em responsabilidade pelo risco de dano e pelos danos causados. Os custos dessas medidas de precaução ou prevenção devem ser internalizados pela empresa ou empregador que está desenvolvendo a atividade empresária. Essa internalização dos custos é prevista pelo princípio do poluidor-pagador, que afasta da coletividade esse ônus econômico que é da empresa ou empregador.

    A partir do estudo dos princípios de Direito Ambiental, percebe-se que preservar o meio ambiente é preservar a saúde, a dignidade e a vida do trabalhador, para que este ser humano – cidadão que trabalha e vive neste planeta – e as futuras gerações possam exercer um trabalho produtivo e adequadamente remunerado, em condições de liberdade, equidade e segurança, sem quaisquer formas de discriminação. O meio ambiente de trabalho digital equilibrado só é possível se respeitada a dignidade do trabalhador. Dito isso, reconhece-se as oportunidades e os riscos trazidos pelas inovações tecnológicas. Pode-se citar como benefícios da digitalização no mundo do trabalho a flexibilidade para realizar as atividades em qualquer lugar e a qualquer hora, a autonomia para tomar decisões frente ao acesso rápido à informação e possibilidade de comunicação instantânea e a liberdade para se cadastrar na plataforma digital que melhor convir ao trabalhador. Como pontos negativos, cita-se o fechamento de postos de trabalho e a alta exigência de qualificação para as novas funções, as ameaças à privacidade e o descontrole sobre os dados pessoais do trabalhador em razão da ampla conectividade e compartilhamento de informações na internet, a perpetuidade das informações e o fácil acesso a elas por meio da rede mundial de computadores, a exigência de conexão constante do trabalhador e, no caso do trabalhador subordinado, a vigilância em tempo real pelo empregador. Os pontos positivos e negativos mencionados não esgotam o tema, apenas ilustram situações que já podem ser observadas. E uma das situações mais graves, na opinião desta autora, é a falta de clareza sobre a situação do trabalhador digital, que ainda não pode ser enquadrado adequadamente em nenhuma das categorias jurídicas de trabalhador existentes, o que dificulta o amparo do Direito do Trabalho, como hoje positivado.

Frisa-se que não se está propondo que o trabalhador digital é subordinado, nem se está dizendo que não é. Acredita-se que é necessário enfrentar o desafio jurídico de "pensar fora da caixa" para desenvolver estratégias que reflitam as condições de um mundo do trabalho digital de forma a inibir práticas de trabalho degradantes. Desenvolver, no âmbito brasileiro, o conceito de parassubordinação pode ser um caminho para que se inclua esse trabalhador digital na proteção do Direito do Trabalho. Na verdade, incluir o trabalhador digital em seu escopo é uma questão de sobrevivência para o Direito do Trabalho, que nasceu da necessidade de proteger o trabalhador subordinado. Se o perfil do trabalhador está mudando, o Direito do Trabalho deve acompanhar essa mudança.

Nesse sentido, pode-se falar da necessidade de proteção de uma nova vulnerabilidade do trabalhador, a vulnerabilidade tecnológica. O papel dos sindicatos neste ponto pode ser essencial, pois talvez os sindicatos sejam a figura que hoje conhecemos (amanhã poderá existir outra, hoje ainda não pensada) mais apta a organizar os trabalhadores e, por meio da representação coletiva, reivindicar condições de trabalho decente.

O trabalho decente é aquele desenvolvido em ocupação produtiva, justamente remunerada e que se exerce em condições de liberdade, equidade, seguridade e respeito à dignidade da pessoa humana. O presente livro buscou verificar se esse conceito é compatível com o trabalho digital e como isso afeta o meio ambiente de trabalho. Evidenciou-se que é necessário estar atento às condições de trabalho, uma vez que a digitalização pode ocorrer em condições de precariedade, baixa renda, com privação da liberdade e ausência de equidade, como é o caso das *gold farmings*. Na direção oposta, também se verificou que o trabalho na era digital traz oportunidade de inserção e geração de renda, uma vez que é mais flexível que as formas de trabalho convencionais, a exemplo da plataforma SheWorks, voltada para qualificação de mulheres e divulgação de sua força de trabalho.

O objetivo deste livro foi verificar se o trabalho digital é capaz de propiciar um trabalho produtivo e adequadamente remunerado, exercido em condições de liberdade, equidade e segurança, sem quaisquer formas de discriminação, e capaz de garantir uma vida digna ao trabalhador. Levantou-se a hipótese de que o meio ambiente do trabalho equilibrado e sadio pode efetivar o ideal de trabalho decente, por meio do respeito ao trabalhador e valorização da dignidade da pessoa humana, evitando qualquer forma de trabalho degradante.

Após analisar a doutrina que retrata o mundo do trabalho digital, verificou-se que é possível observar esforços com resultados positivos no sentido de garantir o trabalho decente em meio ambiente digital, apesar de perceber que ainda é longo o caminho para que o Direito do Trabalho compreenda essa nova realidade. Em alguns momentos deste livro, afirmou-se que os direitos fundamentais do trabalhador têm primazia frente ao direito de liberdade da empresa. Considera-se que a ponderação cabe aos princípios, mas direitos fundamentais devem ser garantidos. Se diante do conflito de princípios houver ponderação, essa situação limite em que os direitos fundamentais são postos em xeque pode ser evitada. Uma empresa sustentável – tanto em termos financeiros quanto em relação à sua perpetuação no futuro – deve contribuir para a construção de um futuro melhor, fomentando o desenvolvimento econômico e social das comunidades em que está inserida. Ampliar os negócios gerando impactos positivos na cadeia de valor é o desafio global que as empresas devem enfrentar na era da digitalização, e para isso devem andar de mãos dadas com as entidades representativas dos trabalhadores – que hoje são os sindicatos –, responsáveis por dar voz aos trabalhadores tradicionais e aos novos trabalhadores: os trabalhadores digitais. O futuro chegou.

REFERÊNCIAS

AGÊNCIA NACIONAL DE MINERAÇÃO. **Nota explicativa** - 15/02/2019: segurança de barragens focada nas barragens construídas ou alteadas pelo método a montante, além de outras especificidades referentes. Disponível em: https://www.gov.br/anm/pt-br/assuntos/noticias/2019/nota-explicativa-sobre-tema-de-seguranca-de-barragens-focado-nas-barragens-construidas-ou-alteadas-pelo-metodo--a-montante-alem-de-outras-especificidades-referentes. Acesso em: 20 mar. 2019.

AGUIAR, Antonio Carlos. **Direito do trabalho 2.0**: digital e disruptivo. São Paulo: LTr, 2018.

ALVARENGA, Rúbia Zanotelli de. **Trabalho decente:** direito humano e fundamental. São Paulo: LTr, 2016.

AMANTHÉA. Dennis Veloso. **A evolução da teoria da parassubordinação:** o trabalho a projeto. São Paulo: LTr, 2008.

ANTUNES, Paulo de Bessa. **Direito ambiental**. 16. ed. São Paulo: Atlas, 2014.

ANTUNES, Ricardo. **O privilégio da servidão:** o novo proletariado de serviços na era digital. São Paulo: Boitempo, 2018.

APOSTOLIDES, Sara Costa. **Do dever pré-contratual de informação e da sua aplicabilidade na formação do contrato de trabalho**. Coimbra: Almedina, 2008.

BARZOTTO, Luciane Cardoso. Direitos Humanos e Trabalhadores: Atividade Normativa da Organização Internacional do Trabalho e os Limites do Direito Internacional do Trabalho. 2015. Tese (Doutorado em Direito) - Curso de Direito, Universidade Federal do Paraná, Curitiba, 2015.

BARZOTTO, Luciane Cardoso. Trabalho decente e sustentável. *In:* **Anais do 12 Congresso de Stress da ISMA - BR**, Porto Alegre, 2012.

BARZOTTO, Luciane Cardoso. Trabalho decente: dignidade e sustentabilidade. Âmbito Jurídico, Rio Grande, XIII, n. 78, jul. 2010. Disponível em: https://ambitojuridico.com.br/edicoes/revista-78/trabalho-decente-dignidade-e-sustentabilidade/ . Acesso em: 7 jul. 2018.

BARZOTTO, Luciane Cardoso; CUNHA, Leonardo Stocker Pereira da. As inovações tecnológicas e o direito laboral: breves considerações. *In:* MARTINI, Sandra

Regina; JAEGER JÚNIOR, Augusto; REVERBEL, Carlos Eduardo Dider (org.). **Movimento entre os saberes:** a transdisciplinaridade e o direito. 1. ed. Porto Alegre: RJR, 2017, v. 1, p. 275-284.

BELMONTE, Alexandre Agra. **O monitoramento da correspondência eletrônica nas relações de trabalho**. 2. ed. São Paulo: LTr, 2014.

BOURBON, Maria João. Como funciona em Lisboa o mundo secreto dos revisores de conteúdos do Facebook. **Expresso**, 6 maio 2018. Disponível em: https://expresso.pt/sociedade/2018-05-06-Como-funciona-em-Lisboa-o-mundo-secreto-dos-revisores-de-conteudos-do-Facebook#gs.46zfgo. Acesso em: 20 maio 2018.

BRITO FILHO, José Claudio Monteiro de. **Trabalho Decente**: Análise Jurídica da Exploração do Trabalho: Trabalho Escravo e Outras Formas de Trabalho Indigno. 5. ed. São Paulo: LTr, 2018.

CHEHAB, Gustavo Carvalho. **A privacidade ameaçada de morte**. São Paulo: LTr, 2015.

COMISSÃO EUROPEIA. **Uma agenda europeia para a economia colaborativa**. Bruxelas, 2016. Disponível em: https://ec.europa.eu/docsroom/documents/16881/attachments/2/translations/pt/renditions/native. Acesso em: 23 jul. 2018.

COMITÉ ECONÓMICO E SOCIAL EUROPEU. Efeitos da digitalização no setor dos serviços e no emprego no âmbito das mutações industriais (parecer exploratório). **Jornal Oficial da União Europeia**, C 13, 15 jan. 2016. Disponível em: https://eur-lex.europa.eu/legal-content/PT/ALL/?uri=CELEX:52015AE0765. Acesso em: 20 dez. 2018.

CONFEDERACIÓN EUROPEA DE SINDICATOS. **Resolución de la CES sobre cómo abordar los nuevos retos digitales para el mundo del trabajo, en particular el trabajo colaborativo**. 2017. Disponível em: https://www.ccoo.es/bbcb4b1628cc513ebe954f292043127f000001.pdf. Acesso em: 15 dez. 2018.

CONFEDERACIÓN EUROPEA DE SINDICATOS. **Resolución de la CES sobre la digitalización:** hacia un trabajo digital justo. 2016. Disponível em: https://www.ccoo.es/21d4392f1c3a0985ca39f0050cd3a773000001.pdf. Acesso em: 7 jan. 2019.

COUTINHO, Ricardo Silva. O meio ambiente digital e a tutela dos bens culturais. **Revista Brasileira de Meio Ambiente Digital e Sociedade da Informação**, São Paulo, v. 1, n. 1, p. 221-244, 2014. Disponível em: https://silo.tips/download/o-meio-ambiente-digital-e-a-tutela-dos-bens-culturais . Acesso em: 15 set. 2018.

CUNHA JÚNIOR, José Roberto de Araujo. Considerações sobre o futuro do trabalho, desemprego e trabalho decente. *In:* ORGANIZAÇÃO INTERNACIONAL DO TRABALHO. **Futuro do Trabalho no Brasil:** Perspectivas e Diálogos Tripartites. 2018. Disponível em: http://www.ilo.org/wcmsp5/groups/public/-----americas/---ro-lima/---ilo-brasilia/documents/publication/wcms_626908.pdf. Acesso em: 7 out. 2018.

CUNHA, Leonardo Stocker Pereira da. **Empresas embrionárias (startups) e as modificações das relações de emprego e societárias**. 2017. Dissertação (Mestrado em Direito) – Curso de Direito, Universidade Federal do Rio Grande do Sul, Porto Alegre, 2017.

DELGADO, Maurício Godinho. **Curso de Direito do Trabalho**. 4. ed. São Paulo: LTr, 2005.

DELGADO, Mauricio Godinho. Direitos fundamentais na relação de trabalho. **Revista LTr**: legislação do trabalho, São Paulo, v. 70, n. 6, p. 657-667, jun. 2006.

DELGUE, Juan Raso. América Latina: El impacto de las tecnologías en el empleo y las reformas laborales. *In:* BERMÚDEZ, Gabriela Mendizábal (coord.). **Revista Internacional y Comparada de Relaciones Laborales y Derecho del Empleo**, Modena (Itália), v. 6, n. 1, p. 6-37, jan./mar. 2018. Disponível em: http://adapt.it/wp/wp-content/uploads/2018/03/revista_n1_2018_def.pdf. Acesso em: 8 out. 2018.

ESTÔNIA quer substituir os juízes por robôs. Época Negócios, 4 abr. 2019. Disponível em: https://epocanegocios.globo.com/Tecnologia/noticia/2019/04/estonia-quer-substituir-os-juizes-por-robos.html. Acesso em: 4 abr. 2019.

EUROFOUND. **Sixth European Working Conditions Survey**: Overview report (2017 update). Luxembourg: Publications Office of the European Union, 2017. Disponível em: https://www.eurofound.europa.eu/en/publications/2016/sixth-european-working-conditions-survey-overview-report. Acesso em: 15 dez. 2018.

EUROFOUND; INTERNATIONAL LABOUR ORGANIZATION. **Working anytime, anywhere:** The effects on the world of work, Luxembourg: Publications Office of the European Union. Geneva: International Labour Office, 2017. Disponível em: http://www.ilo.org/wcmsp5/groups/public/---dgreports/---dcomm/---publ/documents/publication/wcms_544138.pdf. Acesso em: 25 jul. 2018.

FELICIANO, Guilherme Guimarães; EBERT, Paulo Roberto Lemgruber (coord.). **Direito Ambiental do Trabalho**: apontamentos para uma teoria geral. v. 4. São Paulo: LTr, 2018.

FERNANDES, Ricardo Vieira de Carvalho; CARVALHO, Angelo Gamba Prata de (coord.). **Tecnologia jurídica & direito digital:** II Congresso Internacional de Direito, Governo e Tecnologia – 2018. Belo Horizonte: Fórum, 2018.

FIORILLO, Celso Antonio Pacheco; CONTE, Christiany Pegorary. **Crimes no meio ambiente digital.** São Paulo: Saraiva, 2013.

FIORILLO, Celso Antonio Pacheco. **Curso de Direito Ambiental brasileiro.** 4. ed. ampl. São Paulo: Saraiva, 2003.

FIORILLO, Celso Antonio Pacheco; SOUZA, Carolina Ferreira. O direito à comunicação e a tutela do meio ambiente digital. **Revista de Direito Ambiental e Socioambientalismo.** Curitiba, v. 2, n. 2, p. 186-206, jul./dez. 2016. Disponível em: https://www.indexlaw.org/index.php/Socioambientalismo/article/view/1622/pdf. Acesso em: 5 out. 2018.

FRAGA, Ricardo Carvalho. Sustentação econômica dos sindicatos. **Jornal GGN**, 6 mar. 2019. Disponível em: https://jornalggn.com.br/artigos/sustentacao-economica-dos-sindicatos-por-ricardo-carvalho-fraga/. Acesso em: 10 mar. 2019.

GIL, Antonio Carlos. **Como elaborar projetos de pesquisa**. 4. ed. São Paulo: Atlas, 2007.

GONZÁLEZ, Horacio Ricardo. O futuro da seguridade social. *In:* RAMÍREZ, Luis Enrique; SALVADOR, Luiz (coord.). **Direito do trabalho:** por uma carta sociolaboral latino-americana. São Paulo: LTr, 2012.

GOSDAL, Thereza Cristina. Principais Instrumentos de Direitos Humanos e o Trabalho Decente. *In:* CAVALCANTE, Jouberto de Quadros Pessoa; VILLATORE, Marco Antônio César (coord.). **Direito Internacional do Trabalho e a Organização Internacional do Trabalho:** trabalho decente. São Paulo: LTr, 2017.

GRANATO, Luísa. Por esta demissão por justa causa brasileiros na Rússia não esperavam. **Exame**, 21 jun. 2018. Carreira - Você S/A. Disponível em: https://exame.abril.com.br/carreira/por-esta-demissao-por-justa-causa-brasileiros-na-russia-nao-esperavam/. Acesso em: 24 jul. 2018.

GUNTHER, Luiz Eduardo; ALVARENGA, Rúbia Zanotelli de (coord.); BUSNARDO, Juliana Cristina; BACELLAR, Regina Maria Bueno (org.). **Direitos humanos e meio ambiente do trabalho**. São Paulo: LTr, 2016.

INTERNATIONAL LABOUR ORGANIZATION. **Digital labour platforms and the future of work:** Towards decent work in the online world International Labour

Office. Geneva: ILO, 2018. Disponível em: https://www.ilo.org/wcmsp5/groups/public/---dgreports/---dcomm/---publ/documents/publication/wcms_645337.pdf. Acesso em: 20 dez. 2018.

INTERNATIONAL LABOUR ORGANIZATION. **Report of the Director-General:** Decent Work. Geneva, jun. 1999. Disponível em: https://www.ilo.org/public/english/standards/relm/ilc/ilc87/rep-i.htm. Acesso em: 7 jul. 2018.

JESUS, Agnes Macedo de; IGLESIAS, Rodrigo Rabello. Smart contracts: topics under brazilian law. *In:* FERNANDES, Ricardo Vieira de Carvalho; COSTA, Henrique Araújo; CARVALHO Angelo Gamba Prata de (coord.). **Tecnologia jurídica e direito digital:** I Congresso Internacional de Direito e Tecnologia – 2017. Belo Horizonte: Fórum, 2018.

JONAS, Hans. **O Princípio Responsabilidade**: ensaio de uma ética para uma civilização tecnológica. Rio de Janeiro: PUC RIO, 2006.

LA CUEVA, Mario de. **Derecho mexicano del trabajo**. Tomo I. 4. ed. México: Editorial Porrua, 1954.

LANNER, Maíra Brecht. **Meio ambiente de trabalho:** trabalho marítimo e portuário. 2012. Trabalho de Conclusão de Curso (Especialização em Direito Ambiental) – Curso de Direito, Universidade Federal do Rio Grande do Sul, Porto Alegre, 2012.

LANNER, Maíra Brecht. **Os limites da responsabilidade civil ambiental das Instituições Financeiras.** 2015. Trabalho de Conclusão de Curso (Graduação em Direito) – Curso de Direito, Centro Universitário Ritter dos Reis, Canoas, 2015.

LEITE, Letícia Mourad Lobo. O Papel do Estado na promoção do Trabalho Decente e dos Objetivos de Desenvolvimento Sustentável. *In:* ORGANIZAÇÃO INTERNACIONAL DO TRABALHO. **Futuro do Trabalho no Brasil:** Perspectivas e Diálogos Tripartites. 2018. Disponível em: http://www.ilo.org/wcmsp5/groups/public/---americas/---ro-lima/---ilo-brasilia/documents/publication/wcms_626908.pdf. Acesso em: 7 jul. 2018.

LÉVY, Pierre. **O que é virtual?** Tradução: Paulo Neves. São Paulo: Ed. 34, 1996.

LIMA, Leonardo Tibo Barbosa. A natureza da relação jurídica na prestação de serviço de saúde ofertada por plataforma eletrônica. *In:* LEME, Ana Carolina Reis Paes; RODRIGUES, Bruno Alves; CHAVES JÚNIOR, José Eduardo de Resende (coord.). **Tecnologias disruptivas e a exploração do trabalho humano**. São Paulo: LTr, 2017.

LUHMANN, Niklas. **O direito da sociedade**. São Paulo: Martins Fontes, 2016.

MACHADO, Paulo Affonso Leme. **Direito ambiental brasileiro**. 22. ed. São Paulo: Malheiros, 2014.

MARDERS, Fernanda; KUNDE, Bárbara Michele Morais. O Direito de desconexão no teletrabalho como concretização do princípio da igualdade na sociedade contemporânea. *In:* COLNAGO, Lorena de Mello Rezende; CHAVES JUNIOR, José Eduardo de Resende; ESTRADA, Manuel Martín Pino (coord.). **Teletrabalho**. São Paulo: LTr, 2017.

MARTINEZ, Luciano. **Curso de Direito do Trabalho:** relações individuais, sindicais e coletivas do trabalho. 2. ed. São Paulo: Saraiva, 2011.

MELO, Raimundo Simão de. **Direito Ambiental do Trabalho e a saúde do trabalhador:** responsabilidades legais, dano material, dano moral, dano estético, indenização pela perda de uma chance, prescrição. 4. ed. São Paulo: LTr, 2010.

MELO, Sandro Nahmias. **Meio ambiente do trabalho:** direito fundamental. São Paulo: LTr, 2001.

MELO, Sandro Nahmias; RODRIGUES, Karen Rosendo de Almeida Leite. **Direito à desconexão do trabalho:** com análise crítica da Reforma Trabalhista: (Lei n. 13.467/2017). São Paulo: LTr, 2018.

MENDES, Helen; DRESCHSEL, Denise. Torcedores brasileiros se comportam mal na Copa da Rússia: As reações são exageradas? Gazeta do Povo, Curitiba, 20 jun. 2018. Disponível em: https://www.gazetadopovo.com.br/ideias/torcedores-brasileiros-se-comportam-mal-na-copa-da-russia-as-reacoes-sao-exageradas-7ilid57s1rj2xesun1cdcglml/. Acesso em: 25 jun. 2018.

MERRIEN, François Xavier. O Novo Regime Econômico Internacional e o Futuro dos Estados de Bem-Estar Social. *In:* DELGADO, Mauricio Godinho; PORTO, Lorena Vasconcelos (org.). **O Estado de bem-estar social no século XXI**. 2. ed. São Paulo: LTr, 2018.

MIGUEL, Cássia Rochane. **Trabalho rural:** olhar contemporâneo, déficit de trabalho decente. 2012. Trabalho de Conclusão de Curso (Graduação em Planejamento e Gestão para o Desenvolvimento Rural) - Curso de Planejamento e Gestão para o Desenvolvimento Rural, Universidade Federal do Rio Grande do Sul, Porto Alegre, 2012.

MILARÉ, Édis. **Direito do ambiente:** a gestão ambiental em foco: doutrina, jurisprudência, glossário. 5. ed. São Paulo: R. dos Tribunais, 2007.

MILARÉ, Édis; LOURDES, Flavia Tavares Rocha. Meio ambiente e os direitos da personalidade. *In:* MILARÉ, Édis; MACHADO, Paulo Affonso Leme (org.). **Direito ambiental:** fundamentos do Direito Ambiental. Coleção doutrinas essenciais. v. 1. São Paulo, 2011.

MINISTÉRIO DA INDÚSTRIA, COMÉRCIO E SERVIÇOS. **Agenda Brasileira para a Indústria 4.0**. Disponível em: http://www.industria40.gov.br/. Acesso em: 20 dez. 2018.

MINISTÉRIO DO TRABALHO. Portal Emprega Brasil. **Carteira de trabalho digital**. Disponível em: https://empregabrasil.mte.gov.br/carteira-de-trabalho-digital/. Acesso em: 8 jul. 2018.

MORAES, Paulo Douglas Almeida de. UBER no Transporte Rodoviário de Cargas: a morte de dois milhões de empregos ou a chance de acabar com a fraude legislada no setor. *In:* LEME, Ana Carolina Reis Paes; RODRIGUES, Bruno Alves; CHAVES JÚNIOR, José Eduardo de Resende (coord.). **Tecnologias disruptivas e a exploração do trabalho humano**. São Paulo: LTr, 2017.

MOREIRA, Teresa Coelho. Algumas questões sobre trabalho 4.0. *In:* MEDEIROS, Benizete Ramos de (coord.). **O Mundo do trabalho em movimento e as recentes alterações legislativas:** um olhar luso-brasileiro. São Paulo: LTr, 2018.

MOREIRA, Tereza Coelho. **A privacidade dos trabalhadores e as novas tecnologias de informação e comunicação:** contributo para um estudo dos limites ao poder de controle eletrônico do empregador. Coimbra: Almedina, 2010.

MORGAN, Jacob. **The Evolution Of The Employee**. Disponível em: https://thefutureorganization.com/evolution-employee/. Acesso em: 10 set. 2018.

NAÇÕES UNIDAS. Brasil. **Os Objetivos de Desenvolvimento Sustentável no Brasil**. Disponível em: https://brasil.un.org/pt-br/sdgs. Acesso em: 24 jan. 2024.

NAVARRETE, Cristóbal Molina. "Esencia" y "existencia" de las relaciones de trabajo y de su derecho en la "era digital": ¿y si el "futuro" estuviera en "lo clásico"? Al maestro J. Vida Soria, in memoriam. **Revista de Trabajo y Seguridad Social**. CEF, 432, p. 5-27, mar. 2019. Disponível em: https://www.laboral-social.com/sites/laboral-social.com/files/1-Editorial_MolinaNavarrete_mar2019_c.pdf. Acesso em: 20 mar. 2019.

OLIVEIRA NETO, Célio Pereira. **Trabalho em ambiente virtual:** causas, efeitos e conformação. São Paulo: LTr, 2018.

OLIVEIRA, Cínthia Machado de; DORNELES, Leandro do Amaral Dorneles de. **Direito do Trabalho**. Porto Alegre: Verbo Jurídico, 2013.

OLIVEIRA, Sebastião Geraldo de. **Proteção jurídica à saúde do trabalhador**. 6. ed. rev. atual. São Paulo: LTr, 2011.

ORGANIZAÇÃO DAS NAÇÕES UNIDAS. **Declaração Universal dos Direitos Humanos**. 1948. Disponível em: https://nacoesunidas.org/wp-content/uploads/2018/10/DUDH.pdf. Acesso em: 26 jul. 2018.

ORGANIZAÇÃO INTERNACIONAL DO TRABALHO. **Empregos verdes no Brasil:** quantos são, onde estão e como evoluirão nos próximos anos. Brasília, 2009. Disponível em: http://www.ilo.org/brasilia/publicacoes/WCMS_229625/lang--pt/index.htm. Acesso em: 3 jul. 2018.

ORGANIZAÇÃO INTERNACIONAL DO TRABALHO. **O que é trabalho forçado?** Disponível em: https://www.ilo.org/brasilia/temas/trabalho-escravo/WCMS_393058/lang--pt/index.htm. Acesso em: 15 dez. 2018.

ORGANIZACIÓN INTERNACIONAL PARA LAS MIGRACIONES. **Diálogo Internacional sobre la Migración n. 10:** Seminario De Expertos: Migración y Medio Ambiente. 2008. Disponível em: https://publications.iom.int/es/books/dialogo-internacional-sobre-la-migracion-no-10-seminario-de-expertos-migracion-y-medio . Acesso em: 3 jul. 2018.

PARLAMENTO EUROPEU. Regulamento (EU) 2016/679 do Parlamento Europeu e do Conselho de 27 de abril de 2016. **Jornal Oficial da União Europeia**. Disponível em: https://eur-lex.europa.eu/legal-content/PT/TXT/PDF/?uri=CELEX:32016R0679&from=EN. Acesso em: 20 dez. 2018.

PARLAMENTO EUROPEU; CONSELHO DA UNIÃO EUROPEIA; COMISSÃO EUROPEIA. Carta dos Direitos Fundamentais da União Europeia (2000/C 364/01). **Jornal Oficial das Comunidades Europeias**. Disponível em: http://www.europarl.europa.eu/charter/pdf/text_pt.pdf. Acesso em: 15 dez. 2018.

PNUMA; OIT; OIE; CSI. **Empregos verdes:** rumo ao trabalho decente em um mundo sustentável e com baixas emissões de carbono. Brasília, 2009. Disponível em: http://www.ilo.org/brasilia/publicacoes/WCMS_229627/lang--pt/index.htm. Acesso em: 3 jul. 2018.

PRASSL, Jeremias. Collective voice in the platform economy: challenges, opportunities, solutions. 2018. **Report to the ETUC**. Disponível em: https://www.etuc.

org/sites/default/files/publication/file/2018-09/Prassl%20report%20maquette.pdf. Acesso em: 20 dez. 2018.

LATAM demite funcionário envolvido em vídeo machista na Rússia. **Revista Veja**, 20 jun. 2018. Economia. Disponível em: https://veja.abril.com.br/economia/latam-demite-funcionario-envolvido-em-video-machista-na-russia/. Acesso em: 25 jul. 2018.

REDE BRASIL DO PACTO GLOBAL. Disponível em: https://pactoglobal.org.br/assets/docs/cartilha_pacto_global.pdf. Acesso em: 7 jan. 2019.

RIFKIN, Jeremy. **Sociedade com custo marginal zero**. São Paulo: M. Books do Brasil Editora, 2016.

ROXO, Tatiana Bhering Serradas Bon de Souza. **O poder de controle empresarial:** suas potencialidades e limitações na ordem jurídica - o caso das correspondências eletrônicas. São Paulo: LTr, 2013.

SACHS, Ignacy. **Caminhos para o Desenvolvimento Sustentável**. Rio de Janeiro: Garamond, 2002.

SARLET, Ingo Wolfgang (org.). **Estado socioambiental e direitos fundamentais**. Porto Alegre: Livraria do Advogado, 2010.

SARLET, Ingo Wolfgang; FENSTERSEIFER, Tiago. **Direito constitucional ambiental:** Constituição, direitos fundamentais e proteção do ambiente. 2. ed. São Paulo: Rev. dos Tribunais, 2012.

SCHOLZ, Trebor. **Cooperativismo de plataforma:** contestando a economia do compartilhamento corporativa. São Paulo: Fundação Rosa Luxemburgo, 2016.

SCHWAB, Klaus. **A Quarta Revolução Industrial**. Tradução: Daniel Moreira Miranda. São Paulo: Edipro, 2016.

SIGNES, Adrián Todolí. El impacto de la "uber economy" en las relaciones laborales: los efectos de las plataformas virtuales en el contrato de trabajo. **IUSlabor**, n. 3, 2015. Disponível em: https://www.raco.cat/index.php/IUSLabor/article/view/305786 . Acesso em: 17 jul. 2018.

SILVA, Otavio Pinto e. **Subordinação, autonomia e parassubordinação nas relações de trabalho**. São Paulo: LTr, 2004.

SLEE, Tom. **Uberização:** a nova onda do trabalho precarizado. Tradução: João Peres. São Paulo: Editora Elefante, 2017.

SOUTO MAIOR, Jorge Luiz. Do direito à desconexão do trabalho. **Revista do Tribunal Regional do Trabalho da 15ª Região**, Campinas, n. 23, p. 296-313, jul./dez. 2003. Disponível em: https://hdl.handle.net/20.500.12178/108056. Acesso em: 3 jul. 2018.

STEFANO, Valerio de. **The rise of the "just-in-time workforce":** on-demand work, crowdwork and labour protection in the "gig-economy". Geneva: ILO, 2016. Disponível em: http://www.ilo.org/wcmsp5/groups/public/---ed_protect/---protrav/---travail/documents/publication/wcms_443267.pdf . Acesso em: 25 jul. 2018

STEIGLEDER, Annelise Monteiro. **Responsabilidade civil ambiental:** as dimensões do dano ambiental no direito brasileiro. 2. ed. Porto Alegre: Livraria do Advogado, 2011.

STUCHI, Victor Hugo Nazário. O meio ambiente do trabalho como forma de efetividade do trabalho decente. **Revista de direito do trabalho**, São Paulo, v. 40, n. 155, p. 183-204, jan./fev. 2014. Disponível em: https://hdl.handle.net/20.500.12178/97304. Acesso em: 6 jul. 2018.

SUPIOT, Alain. **Derecho del trabajo**. Buenos Aires: Heliasta, 2008.

TEODORO, Maria Cecília Máximo (coord.). **Direito material e processual do trabalho**. São Paulo: LTr, 2015.

UNITED NATIONS. **Report of the World Commission on Environment and Development**. Estocolmo, 1987. Disponível em: https://sustainabledevelopment.un.org/content/documents/5987our-common-future.pdf . Acesso em: 3 jul. 2018.

UNITED NATIONS ENVIRONMENT PROGRAMME. **Declaration of the United Nations Conference on the Human Environment**. Stockholm, 1972. Disponível em: https://legal.un.org/avl/ha/dunche/dunche.html . Acesso em: 3 jul. 2018.

VINCENT, Danny. China used prisoners in lucrative internet gaming work. **The Guardian**, Beijing, 25 maio 2011. Disponível em: https://www.theguardian.com/world/2011/may/25/china-prisoners-internet-gaming-scam. Acesso em: 20 dez. 2018.

VOSS, Eckhard; RIEDE, Hannah. Digitalisation and workers participation: what trade unions, company level workers and online platform workers in Europe think. 2018. **Report to the ETUC**. Disponível em: https://www.etuc.org/sites/

default/files/publication/file/2018-09/Voss%20Report%20EN2.pdf. Acesso em: 20 dez. 2018.

WALDMAN, Ricardo Libel; MUNHOZ, Marcelo Giovanni Vargas; SAMPAIO, Vanessa Bueno. O princípio da precaução e o princípio de responsabilidade de Hans Jonas. **Quaestio Iuris**, Rio de Janeiro, v. 10, n. 1, p. 199-218, 2017.

WINTER, Vera Regina Loureiro. **Teletrabalho:** uma forma alternativa de emprego. São Paulo: LTr, 2005.

ZIMMERMANN, Cirlene Luiza. **A ação regressiva acidentária como instrumento de tutela do meio ambiente de trabalho**. 2. ed. São Paulo: LTr, 2015.

ZIPPERER, André Gonçalves; VILLATORE, Marco Antônio Cesar. Lei 13.467/2017 (denominada de reforma trabalhista), o teletrabalho e a prestação de serviço através da intermediação de mão de obra a partir de plataformas eletrônicas (cowdworking). *In:* STÜRMER, Gilberto; DORNELES, Leandro Amaral Dorneles de (coord.). **Reforma trabalhista na visão acadêmica**. Porto Alegre: Verbo Jurídico, 2018.

LEGISLAÇÃO E JURISPRUDÊNCIA CONSULTADAS

BRASIL. Constituição (1988). **Constituição da República Federativa do Brasil de 1988**. Disponível em: http://www.planalto.gov.br/ccivil_03/constituicao/constituicaocompilado.htm. Acesso em: 3 jul. 2018.

BRASIL. Decreto Legislativo n. 269, de 19 de setembro de 2008. **Câmara dos Deputados**. Disponível em: https://www2.camara.leg.br/legin/fed/decleg/2008/decretolegislativo-269-18-setembro-2008-580870-norma-pl.html. Acesso em: 20 dez. 2018.

BRASIL. Decreto n. 127, de 22 de maio de 1991. **Planalto**. Disponível em: http://www.planalto.gov.br/ccivil_03/decreto/1990-1994/D0127.htm. Acesso em: 20 nov. 2018.

BRASIL. Decreto n. 591, de 6 de julho de 1992. **Planalto**. Disponível em: http://www.planalto.gov.br/ccivil_03/decreto/1990-1994/d0591.htm. Acesso em: 20 nov. 2018.

BRASIL. Decreto n. 1.254, de 29 de setembro de 1994. **Planalto**. Disponível em: http://www.planalto.gov.br/ccivil_03/decreto/1990-1994/d1254.htm. Acesso em: 25 jun. 2018.

BRASIL. Decreto n. 3.597, de 12 de setembro de 2000. **Planalto**. Disponível em: http://www.planalto.gov.br/ccivil_03/decreto/D3597.htm. Acesso em: 25 jun. 2018.

BRASIL. Decreto n. 4.134, de 15 de fevereiro de 2002. **Planalto**. Disponível em: http://www.planalto.gov.br/ccivil_03/decreto/2002/D4134.htm. Acesso em: 20 nov. 2018.

BRASIL. Decreto n. 10.088, de 5 de novembro de 2019. **Planalto**. Disponível em: http://www.planalto.gov.br/ccivil_03/_Ato2019-2022/2019/Decreto/D10088.htm#art5. Acesso em: 24 jan. 2024.

BRASIL. Decreto n. 33.196, de 29 de junho de 1953. **Planalto**. Disponível em: http://www.planalto.gov.br/ccivil_03/Atos/decretos/1953/D33196.html. Acesso em: 20 nov. 2018.

BRASIL. Decreto n. 41.721, de 25 de junho de 1957. **Planalto**. Disponível em: https://www.planalto.gov.br/ccivil_03/decreto/antigos/d41721.htm. Acesso em: 10 jul. 2018.

BRASIL. Decreto n. 58.822, de 14 de julho de 1966. **Planalto**. Disponível em: http://www.planalto.gov.br/ccivil_03/decreto/1950-1969/D58822.htm. Acesso em: 20 nov. 2018.

BRASIL. Decreto n. 62.150, de 19 de janeiro de 1968. **Planalto**. Disponível em: http://www.planalto.gov.br/ccivil_03/decreto/1950-1969/D62150.htm. Acesso em: 20 nov. 2018.

BRASIL. Decreto n. 99.710, 21 de novembro de 1990. **Planalto**. Disponível em: http://www.planalto.gov.br/ccivil_03/decreto/1990-1994/D99710.htm. Acesso em: 20 dez. 2018.

BRASIL. Decreto-Lei n. 2.848, de 7 de dezembro de 1940. **Planalto**. Disponível em: http://www.planalto.gov.br/ccivil_03/decreto-lei/Del2848compilado.htm. Acesso em: 26 jul. 2018.

BRASIL. Decreto-lei n. 5.452, de 01 de maio de 1943. **Planalto**. Disponível em: http://www.planalto.gov.br/ccivil_03/decreto-lei/Del5452compilado.htm. Acesso em: 20 jul. 2018.

BRASIL. Lei n. 6.938, de 31 de agosto de 1981. **Planalto**. Disponível em: http://www.planalto.gov.br/ccivil_03/Leis/L6938compilada.htm. Acesso em: 25 jun. 2018.

BRASIL. Lei n. 12.965, de 23 de abril de 2014. **Planalto**. Disponível em: http://www.planalto.gov.br/ccivil_03/_ato2011-2014/2014/lei/l12965.htm. Acesso em: 20 dez. 2018.

BRASIL. Lei n. 13.467, de 13 de julho de 2017. **Planalto**. Disponível em: http://www.planalto.gov.br/ccivil_03/_Ato2015-2018/2017/Lei/L13467.htm. Acesso em: 15 dez. 2018.

BRASIL. Lei n. 13.709, de 14 de agosto de 2018. **Planalto**. Disponível em: http://www.planalto.gov.br/ccivil_03/_Ato2015-2018/2018/Lei/L13709.htm. Acesso em: 15 dez. 2018.

BRASIL. Medida Provisória n. 873, de 1º de março de 2019. **Planalto**. Disponível em: http://www.planalto.gov.br/ccivil_03/_Ato2019-2022/2019/Mpv/mpv873.htm. Acesso em: 2 mar. 2019.

BRASIL. Tribunal Superior do Trabalho. Recurso de Revista 64600-20.2008.5.15.0127. Recorrente: Elektro Eletricidade e Serviços LTDA. Recorrido: Itamar Castelli Domingues Reigota. Relatora: Desa. Maria Laura Franco Lima de Faria. Brasília, 27 jun. 2012. Disponível em: http://aplicacao5.tst.jus.br/

consultaDocumento/acordao.do?anoProcInt=2011&numProcInt=109499&dtaPublicacaoStr=29/06/2012%2007:00:00&nia=5708304. Acesso em: 15 dez. 2018.

BRASIL. Tribunal Superior do Trabalho. Súmula n. 12. Disponível em: http://www3.tst.jus.br/jurisprudencia/Sumulas_com_indice/Sumulas_Ind_1_50.html#-SUM-12. Acesso em: 23 jul. 2018.

BRASIL. Tribunal Superior do Trabalho. Súmula n. 448. Disponível em: http://www3.tst.jus.br/jurisprudencia/Sumulas_com_indice/Sumulas_Ind_401_450.html#SUM-448. Acesso em: 1 jul. 2018.

CONSELHO DA JUSTIÇA FEDERAL. Enunciado 531. **VI Jornada de Direito Civil**. Disponível em: http://www.cjf.jus.br/enunciados/enunciado/142. Acesso em: 24 jul. 2018.